Zeit-Los

Ilona Picha-Höberth

Über die Autorin

Ilona Picha-Höberth
Psychologische und systemische Astrologin, Freie Erzählerin und Autorin.
Nach autodidaktem Studium der klassischen Astrologie und einer Ausbildung
zur psychologischen Astrologin engagierte sie sich in den 1990er Jahren intensiv
in der Hospizbewegung.
Sie leitete Ausbildungsgruppen für Trauer- und Sterbebegleiter, sowie Seminare
und Fortbildungen im Bereich der Persönlichkeitsentwicklung für unterschiedliche soziale Organisationen.
Seit mehr als 30 Jahren arbeitet sie als beratende Astrologin in eigener Praxis,
sowie als Fotokünstlerin, Storytellerin und Autorin von Märchen, Geschichten
und Sachbüchern.

Bisherige Publikationen im creAstro-Verlag:

- »Wer küsst Rapunzels Schuh?« - 2005
- »PICCO – ein Märchen« - 2008
- »Märchen vom grünen Fluß« - 2010
- »Stille Nacht – Raue Nacht« (CD) - 2011
- »Märchen von der Unmöglichkeit der Liebe« – 2013
- »Kosmische Momente« - 2014
- »Dunkles Land« – 2016
- »Seelenbrüche« – 2018
- »Stille Nacht – Raue Nacht« (Buch) – 2019

Kontakt: iph@creastro.de

Zeit-Los

Mystik und Magie der Raunächte

Ilona Picha-Höberth

Besuchen Sie auch die Website www.creAstro.de

Bibliografische Information Der Deutschen Bibliothek
Die Deutsche Bibliothek verzeichnet diese Publikation in der Deutschen Nationalbibliografie; detaillierte bibliografische Daten sind im Internet über http://dnb.ddb.de abrufbar.

Ilona Picha-Höberth
Zeit-Los
Mystik und Magie der Raunächte
Wasserburg am Inn, creAstro-Verlag , 2019
ISBN: 978-3-939078-19-7

Grafik: Gerhard Höberth / www.hoeberth.de
Cover: Gerhard Höberth
Foto: Ilona Picha-Höberth
Gedruckt in Deutschland

Vorbemerkung der Autorin

Da sich die Raunachtsmystik auf die germanische bzw. nordische Mythologie bezieht und die alten Göttersagen bekanntermaßen eine starke Anziehung auf Menschen mit rechter bzw. nationalistischer Gesinnung haben, möchte ich darauf hinweisen, dass ich mich von derartigem Gedankengut explizit und ausdrücklich distanziere!

Dies insbesondere, da es in unserer geschichtlichen Vergangenheit bereits einen ausgeprägten ideologischen Missbrauch alter mythologischer Lehren und esoterischer Symbolik gab.

Völkische oder nationalistische Auslegungen mythologischer Zusammenhänge stehen immer im tatsächlichen Widerspruch zur ganzheitlichen Aussage spiritueller Lehren.

Ich sehe Märchen und Mythen und die in ihnen vorhandene Symbolik ausschließlich als Metaphern eines ganzheitlichen Kontextes, auf dem auch meine psychologischen bzw. astrologischen Erklärungen beruhen.

Wilfried Schütz, meinem Astrologielehrer gewidmet:
Du hast mich bereits eine Märchenerzählerin genannt,
lange bevor ich selbst um diese Gabe wusste.

Ich bin die Erste und die Letzte,
ich bin die Geehrte und die Verachtete,
ich bin die Hure und die Hehre,
ich bin die Mutter und die Tochter,
ich bin die, die sie Leben nennen,
und ihr habt mich Tod genannt [1]

Inhaltsverzeichnis

1. MYSTERIUM DER ZEIT ZWISCHEN DEN ZEITEN

1.1 Die Raunächte

Als Raunächte, Rauch-, Inner- oder Unternächte werden jene mystischen, geheimnisumwobenen und sagenhaften Nächte zwischen Weihnachten und Hl. Drei Könige bezeichnet.

Diese Phase, die auch als »zeitlose Zeit« benannt wird, steht also zwischen den Jahren und es gibt kaum eine andere Periode im Jahreslauf, über die der Mensch so viele Mutmaßungen, Vorstellungen aber auch so viel Aber-Glauben hegt, wie über die Tage und Nächte am Ende des alten und am Beginn des neuen Jahres.

Etymologisch scheint der Begriff ungeklärt. Während manche Quellen[2] seine Herkunft auf den alten, rituellen Brauch des Räucherns von Häusern und Ställen in diesem Zeitraum beziehen, berufen andere[3] sich auf eine ursprüngliche Ableitung von dem alten mittelhochdeutschen Wort für »*ruch*« (= haarig) und sehen darin einen Hinweis auf die früher als »Rauchware« bezeichneten Tierfelle, die damals als Schutz gegen Eis, Wind und Kälte lebensnotwendig waren.

Aber dieser Begriff verweist auch auf die mit Fell bekleideten Dämonen, die nach der alten Glaubensvorstellung in diesen Nächten ihr Unwesen trieben. Diese unheimlichen Gestalten, u.a. die »Hobangoaß«, die »Luz«, der »Hass« u. v. a. m. begegnen uns heute noch - oder wieder – bei alpenländischen Perchtenläufen, bei denen durch das Tragen von Kostümen aus Wildfellen und geschnitzten Holzmasken, in Gestalt von Dämonen, Hexen und Tieren, der Winter bzw. die bösen Geister des Winters vertrieben werden sollen. Dass hinter diesen Perchtenläufen aber eine große weibliche Gottheit steht, ist oft nicht mehr geläufig. Es ist die Große Mutter in ihrer Erscheinungsform der alpenländischen Percht, die diesem Treiben befiehlt.

Ihren Ursprung finden die Raunächte aber unzweifelhaft in der Umstellung des Mondkalenders auf den Sonnenkalender.

Der julianische Kalender, benannt nach Julius Cäsar, gilt als der älteste Solarkalender weltweit. Er brachte bereits im Jahre 46 v. Chr. die Wende von Mond- auf Sonnemonate. Allerdings war ein Sonnenjahr 11 Minuten länger als der julianische Kalender, weshalb sich die wichtigen Sonnwenden alle 130 Jahre um einen Tag verschoben.

Der gregorianische Kalender, im Jahre 1582 durch den namensgebenden Papst Gregor XIII eingeführt, sollte diese Unstimmigkeit durch ein komplizierteres Schaltjahrsystem ausgleichen. Die Verschiebung der Sonnwenden wurde durch das Streichen von 10 Tagen behoben. Das hatte allerdings zur Folge, dass die ursprünglich auf astronomische Fixpunkte berechneten rituellen Feierlichkeiten nicht mehr mit den kalendarischen Zuordnungen der Gedenktage übereinstimmten.

Im Gegensatz zu einem Sonnenjahr, das eine Zeitspanne von 365 bzw. 366 Tage umfasst, entspricht ein Mondenjahr nur 354. In der Phase der Wintersonnwende bzw. des Jahreswechsels, den wir in dieser Zeit begehen, bleibt somit ein Überhang von 11 Tagen bzw. 12 Nächten, die aus der ursprünglichen Ordnung fallen. Für das magische Weltbild der Menschen früherer Zeiten war alles, was eine vorhandene Ordnung durchbrach, von einer besonderen okkulten Macht durchzogen. Dies galt speziell für zeitliche Ausnahmesituationen. Allein schon aus diesem Grund war gerade die Zeit um die Wintersonnwende, die Zeit der tiefsten Dunkelheit und der größten Stille, in denen nach alter Glaubensvorstellung ohnehin jedes Rad stillstand, die beste Periode dafür, die zeitliche Differenz der beiden Kalendermodelle zu überbrücken. Eine Zeit zwischen den Zeiten. Natürlich konnte dies nicht im Einklang mit kirchlichen Lehren stehen – deshalb zeigt sich bei genauerer Betrachtung ohnehin, dass hinter jeder inthronisierten Heiligenfigur eine weit ältere göttliche Instanz aus vorchristlicher Zeit steht.

Wie immer an den Höhepunkten der heidnischen Glaubensfeste waren der Vorstellung nach auch in der Zeit der Raunächte die Tore zwischen den Welten geöffnet und die Wesen der Anderwelten, vorzugsweise alle Totengeister, waren befähigt, die Welt der Lebenden zu betreten und ihrer habhaft zu werden. Demzufolge war es vornehmlich in diesen Nächten wichtig, sich vor den jenseitigen Einflüssen zu hüten und zu schützen. Man vermied es

– so gut man konnte – nach Einbruch der Nacht Höfe und Häuser zu verlassen und das nicht nur wegen Dunkelheit und Kälte, sondern auch wegen der Gefahren, welche die wilde Jagd, die in diesen Nächten ihr Unwesen trieb, mit sich brachte.

Aber die alten Überlieferungen berichten auch darüber, dass gerade diejenigen, die im Einklang mit den natürlichen bzw. kosmischen Mächten standen, diese Zeit sehr gewinnbringend zu ihrem Vorteil nutzen konnten. Erzwingen ließ dieser Gewinn sich jedoch nicht. Die kosmischen Mächte lassen sich nicht manipulieren. Deshalb mag es auch nicht verwundern, dass jegliche Absicht, die Raunächte für individuelle Bereicherung und Vorteile zu missbrauchen am Ende immer genau das Gegenteil bewirkte. Nicht umsonst wurde für diese Phase der Begriff der »Nächte« gewählt. Es waren die Nächte und es waren die Winter, welche Gefahren mit sich brachten. Sie galt es zu überleben. Aus diesem Grund rechneten die Menschen früherer Zeiten ihr Lebensalter in »Wintern« und die kalte Jahreszeit in »Nächten«. Wer einen Winter überlebt, hat auch gute Chancen, den Sommer zu überstehen; aus der Finsternis der Nacht, erwächst das Licht des neuen Tages.

Heute sehen wir den Begriff der »Nacht« vielleicht nicht mehr als gefahrvoll. Dennoch ist es der Bereich des Mondes, um den es jetzt geht, der Bereich des Unbewussten, der Träume, der Intuition und der Ruhe. Und all dies entzieht sich – wie für unsere

Ahnen die Zeit von Sonnenuntergang bis Sonnenaufgang oder auch die zeitlose Zeit zwischen den Jahren - unserer bewussten Kontrolle, unserem Wollen und meist auch all unserem Planen.

Vielleicht sollten wir uns allein schon deshalb an der Haltung unserer Vorfahren den Raunächten gegenüber wieder ein Beispiel nehmen?

Gerade in den letzten Jahren ist eine Art »Boom« entstanden, was das Interesse, aber auch die Vermarktung der Raunächte anbelangt. Aus der Zeit der Stille und des Ruhens ist eine Zeit des Konsumierens und der exakten Vorgaben und Vorschriften über die richtige Planung und Organisation des neuen Jahres geworden.

Gewiss waren die Raunächte – solange sie bewusst begangen wurden – immer auch eine Zeit des Lärmens und der Prophezeiungen. Sowohl zu Lucia (13. Dezember), als auch in der Thomasnacht (21. Dezember) sollten ledige Mädchen entscheidende Hinweise darauf erhalten, wie und wann mit einem zukünftigen Ehemann zu rechnen sei. Orakel und Rituale dienten dazu, möglichst viele Hinweise auf den noch unbekannten Geliebten zu erhalten.

Seit Generationen wird in der Silvesternacht Blei gegossen und das neue Jahr mit lautem Feuerwerk und Böllerschüssen begrüßt. Und Astrologen, die mehr ereignis- als entwicklungsorientiert arbeiten, dürfen sich in dieser Zeit des Jahres i.d.R. über deutlich mehr Anfragen ihrer Kunden freuen, als zu anderen Zeiten.

Die Geister des kalten Winters wollen vertrieben werden und die Dämonen unserer erkalteten Herzen sowieso. Jeder trägt Befürchtungen, unerfüllte Ängste, Wünsche, Hoffnungen und Sehnsüchte in sich. Und es ist nur legitim, sie auch bannen bzw. verwirklichen zu wollen. Die Menschen hatten immer ein großes Interesse daran, zu erfahren, was das neue Jahr oder generell eine neue Lebensphase bringen mag. Eine neue Liebe? Einen neuen Job? Die Erbschaft, mit der man insgeheim schon so lange rechnet? Und dabei hoffen wir ausschließlich auf positive Prognosen. Wir als Astrologen wissen das doch am besten – auch wenn wir seriöserweise im Grunde nur Richtungen aufzeigen und nicht Ereignisse.

Dennoch entsteht mehr und mehr der Eindruck, dass in Zeiten positiven Denkens, manipulativer Geisteshaltungen und Denkprogrammen auch die Zukunft nicht mehr nur ausnahmslos dem Schicksal überlassen bleiben soll. Dies betrifft nicht nur den Umgang mit der Mystik der Raunächte. Begriffe wie »Achtsamkeit«, »Wahrnehmung« und »Meditation« haben Einzug in die Terminologie von berufsmäßigen Lebensoptimierern und Personaltrainer gefunden und sind dort längst zu modischen Buzzwords verkommen, deren vorsätzlicher Einsatz ausschließlich der grenzenlosen Steigerung von Effizienz, Leistung und Produktion dienen soll.

Unsere derzeitige Lebensführung lässt die Vorstellung von »Schicksal« oder »Fügung« ohnehin nicht mehr zu – nährt sie doch ausschließlich die Illusion, dass durch richtige Planung und vor allem allein durch die innere Einstellung, alles und jedes zu erreichen ist.

Die Frage von Schicksal oder Freiem Willen beschäftigt nicht nur Philosophen oder Astrologen und zurecht verschiebt sich der fatalistische Glaube an ein fest gefügtes, deterministisches Schicksal, dem wir hilf- und willenlos ausgeliefert sind, immer mehr zu Aufklärung und bewusstem Handeln. Was vor wenigen hundert Jahren noch als Wunder oder Spuk gegolten hätte, wie z.B. Elektrizität oder die Heilung bestimmter Krankheiten, ist heute nichts anderes, als Medizin oder eine allen zugängliche Technik, die aus unserem Alltag nicht mehr wegzudenken ist. Und was auf materieller Ebene gilt, gilt natürlich auch für unsere geistig-mentalen Fähigkeiten. Wir haben heute einen Bewusstseinszustand erreicht, den wir für unsere Entscheidungen nutzen können, der für unsere Vorfahren des Mittelalters undenkbar gewesen wäre. Insofern fällt vieles, was damals Schicksal war oder in die Bereiche von Magie und Übersinnlichem fiel, heute unter den Begriff des freien Willens.

Aber dennoch zeigen die unberechenbaren Ereignisse, die unseren Lebensweg so oft unverhofft kreuzen, dass nicht alles von unserer Planung und Voraussicht abhängt.

Je mehr wir uns heute wieder mit Orakeltechniken oder esoterischen Disziplinen beschäftigen, umso weniger wollen wir uns in ein auferlegtes Schicksal fügen. Je mehr neue technische Errungenschaften unseren Alltag scheinbar optimieren, umso mehr glauben wir, jede künftige Entwicklung auch selbst bestimmen zu können. Wir wollen unsere Zukunft beeinflussen, bewusst gestalten und das nach Möglichkeit genau nach unseren persönlichen Bedürfnissen und egobestimmten Vorstellungen. Und, wenn wir befürchten, dass dies unser persönliches Können übersteigt, bestellen wir uns, das was wir wollen bei den kosmischen Instanzen.

Aber diese Haltung, des »Alles-ist-mach-und-planbar« ist - auch jenseits jeglicher Esoterik - gängige Alltagspraxis und wird verstärkt durch geschickte Werbemaßnahmen von Versicherungen, Banken oder Geldanlageinstituten, die uns mantramäßig eintrichtern, wir könnten unsere Zukunft bis ins Detail vorbereiten und planen. Es liegt alles nur an uns! Einsamkeit, Armut, Krankheit – alles nur die Folge falscher Zukunftsplanung! Aber sind wir wirklich – tief im Innersten – überzeugt von derartigen Möglichkeiten, und wenn ja, macht uns diese Vorstellung nicht eher das Leben schwer, als dass sie es erleichtert?

In den vergangenen Jahren stelle ich immer mehr fest, dass das Interesse von Ratsuchenden in der astrologischen Beratungspraxis wieder mehr und mehr in Richtung Prognose geht und sich leider zusehends weniger um Selbsterkenntnis und die psychisch-geistige Entwicklung dreht. Eine mögliche Ursache dafür mag in dem Anwachsen von Zukunftsängsten und sozialen Nöten liegen. Wir sehnen uns mehr danach, zu der Gewinnerseite des Lebens zu gehören und verlieren gerade dadurch immer mehr den Bezug zur Ganzheit.

Dies zeigt sich natürlich auch in den entsprechenden Angeboten auf dem Buch- bzw. Seminarmarkt, gerade in Bezug auf die Raunächte.

Wir bereiten uns vor auf diese besondere Zeit, füllen jeden Tag bzw. jede Nacht mit neuen, anderen Verhaltensmaßregeln, holen uns Tipps aus Raunachtsratgebern, räuchern ausschließlich die für die jeweilige Nacht vorgeschriebenen Kräuter und Harze, führen Raunachtstagebücher, entwickeln neo-esoterische oder pseudo-spirituelle Rituale, die uns im Grunde immer mehr von der Eingebundenheit in eine kosmische Ganzheit weg - hin zu einer selbst-designeten Lebensausrichtung führen. Und sollte sich diese nicht so gestalten lassen, wie gewünscht, finden wir allerlei Ausreden, Begründungen und sogar Schuldzuweisungen für unscr angebliches Versagen. Wir glauben, negative Gedanken, falsche mentale Haltungen oder vielleicht sogar verweigerte Veränderungsprozesse in unserem Leben wären ursächlich für schwierige Herausforderungen auf unserem Lebensweg. Der einzige Unterschied zu den abergläubischen Vorstellungen unserer Ahnen liegt allein in der Verschiebung von der materiell-körperlichen Ebene hin zur geistigen. So, wie die Menschen früherer Zeit fest daran glaubten, Gottesstrafen oder teuflisch-dämonische Verführungen durch richtiges Verhalten oder gar Ablasszahlungen an die Kirche vermeiden zu können, sind wir »aufgeklärten« Menschen heute – mehr denn je – davon überzeugt, unser Leben durch geistige Einstellungen und Glaubenssätze in eine von uns gewünschte Richtung drängen zu können.

Die Vorstellung, dass wir unser Schicksal immer und zu jeder Zeit, allein durch die Ausrichtung unserer Gedanken, positiv verändern könnten, erleichtert uns dieses Leben jedoch nicht. Im Gegenteil, sie bürdet uns eine Verantwortung auf, die wir nicht zu tragen im Stande sind. Sie verführt uns dazu, nach außen hin etwas darzustellen, was wir im Inneren nicht sind. Und – wie man sieht – unterscheidet sie sich nicht wesentlich vom Aberglauben früherer Zeiten. Wir verlernen dadurch, uns den rhythmischen Prozessen des Lebens vertrauensvoll hinzugeben, und steigern uns immer mehr in einen »Alles-ist-machbar-Wahn« hinein. Nur allzu gerne lassen wir uns von allen Seiten vorgaukeln, dass dieser »Wahn« sehr einfach zu steuern sei. Einfach vorstellen, einfach erträumen, einfach bestellen - und schon strahlen wir im Glanze unseres selbstdesigneten Erfolgsprogramms. Alles nach Wunsch und alles nach Plan. Unser Schicksal als Reißbrettentwurf. Und gerade die Zeit der Raunächte bietet uns – so scheint es – die beste Grundlage, um unsere Egowünsche fürs kommende Jahr zu visualisieren.

Raunachtsrituale werden begangen, wie der Besuch in einem Möbelhaus, in dem wir uns eine neue, passende Lampe zur bereits vorhandenen Wohnzimmereinrichtung aussuchen.

Das allerdings unterscheidet uns im Wesentlichen vom Menschen früherer Generationen. Noch nie in der Geschichte war unsere Gesellschaft so sehr geprägt von einer Über-Individualisierung und Ego-Zentrierung wie heute.

In der zweiten Hälfte des 20. Jahrhunderts, in einer Zeit, in der Generationen von Menschen die Härte und Grausamkeiten zweier Weltkriege erlebt und diese daraus resultierenden Erinnerungen und Prägungen an ihre Kinder und Enkelkinder vererbt hatten, war es sicherlich zur Heilung der kollektiv verletzten Seelen erforderlich, sich vordergründig um Individualisierungsprozesse, Selbstwahrnehmung, Heilung und Selbstliebe zu kümmern.

Heute scheint es jedoch so, dass der Zustand unserer Erde, die gesellschaftlichen und globalen Ungleichheiten, Ausbeutung, Kriege, Klimakatastrophen und Umweltzerstörung längst schon keinen weiteren Zuwachs an Selbstzentriertheit mehr dulden. Dennoch benehmen wir uns so, als müssten wir – nicht nur materiell, sondern auch innerseelisch – ständige Defizite und Mangelerfahrungen kompensieren oder gar heilen. Wir erkennen nicht, dass wir meist in einem »Zuviel« und nicht in einem »Zuwenig« existieren. Die Gier, mit der Menschen materielle Güter anhäufen, hat längst Einzug gehalten in unsere psychisch-mentalen Haltungen. Immer mehr, immer größer, immer schneller und das Ego als Goldenes Kalb, um das sich unser immerwährender, wirbelnder Tanz dreht.

Ernstzunehmende spirituelle Führer und Philosophen der heutigen Zeit mahnen schon lange und intensiv davor, unseren Egoismus weiter voranzutreiben. Was unsere Gesellschaft braucht, sind innovative Ideen von Gemeinschaft, sozialer Kompetenz und Verantwortlichkeit und eine tiefe, innere Bereitschaft zu einem kollektiven Empfinden der Zusammengehörigkeit mit allem, was ist. Wir müssen mehr Wir-Gefühl entwickeln, mehr Bewusstsein dafür, dass alles Eins ist und dass wir - egal wie wir es drehen oder wenden – nie mehr sind und auch nicht sein können, als Teile dieses Ganzen. Wir sind nicht der Dreh- und Angelpunkt des Universums. Wir sind die Rädchen im Getriebe. Die Erkenntnis über dieses Teil-Sein, dieses Sich-Einfügen in das Ganze, kann uns ein ganz neues Gefühl von Geborgenheit und Zugehörigkeit vermitteln, auch wenn es zunächst mit Verzicht verbunden scheint.

Und genau hierbei kann uns auch eine andere, tiefere Sichtweise auf die Raunächte und ein neuer Blickwinkel auf astrologi-

22

sche Auslegungen helfen, der meiner Meinung nach längst überfällig ist.

In dieser egozentrierten Haltung liegt auch die Diskrepanz zwischen der hingebungsvollen und demütigen inneren Einstellung, mit der die Menschen früherer Zeiten den Raunächten begegneten und den bewusst gefassten, mentalen Vorsätzen, mit denen wir sie heute für unsere Pläne und Vorhaben nutzen wollen.

Der grundlegende Irrtum, dem wir heute unterliegen, ist, dass wir die Raunächte zu zelebrieren versuchen, wie einen Festakt. Die Raunächte nach einem vorgeschriebenen Ablauf zu gestalten, ist ein »must« geworden. Dazu dienen allerlei frei erfundene neo-esoterische Rituale, die sich mehr oder weniger sinnvoll in diese willentlich durchgetaktete Choreografie einfügen.

Und die Art, wie wir sie exakt nach Plan verbringen, wird zu einer Art »Versicherung« für alle Geschehnisse des kommenden Jahres. Sie sind für uns so etwas wie eine »Winterakademie« geworden, die wir besuchen und von der wir uns erhoffen, möglichst viele Vorteile – materieller und psychischer Art - für das kommende Jahr ziehen zu können. Manchmal nicht mehr, als ein gemeinschaftliches Gesellschaftsspiel, dass wir genießen und das uns auch noch das angenehme Gefühl vermittelt, das »Richtige« getan zu haben.

Wir laufen Gefahr, aus den Raunächten ein weiteres, zusätzliches Partyevent zu machen, wie es mit Heilig Abend und Sylvester schon geschehen ist. Was wir dabei aber vergessen ist, dass wir die Raunächte nicht begehen müssen. Wir müssen sie nicht planen, wie eine Familienfeier oder ein gesellschaftliches Ereignis – die Raunächte *SIND!*

1.2 Die »staade« Zeit

Ihrer wahren Bedeutung nach waren und sind die Raunächte nie etwas anderes, als eine Zeit, in der die Räder stillstehen. Jetzt geht es nicht um ein »Tun«, sondern um ein »Sein«. Um die Magie der Raunächte zu erfahren, ist nichts anderes erforderlich, als nicht nur von Stille zu sprechen, sondern sie wirklich zu zulassen und innezuhalten.

Der bayerische Begriff der »staaden« Zeit beinhaltet genau diese Qualität, um die es in den Raunächten geht. »Staad« bedeutet so viel mehr, als nur »still«. Es beschreibt weit mehr, als einen rein akustischen Vorgang. »Staad« hat seine Wurzeln im lateinischen »*statio*/statius« = Stillstand/feststehen.

»Statisch« bedeutet lt. Duden *»Bewegungslosigkeit«, »keine Entwicklung aufweisend«* und damit ist der Charakter der Raunächte aufs Beste beschrieben. Von allen Rädern, die in dieser Zeit stillstehen, ist vor allem das Rad des Schicksals gemeint, aber auch das Rad der Sonne, das durch seinen Tiefstand in seinem Himmelslauf nun gebremst ist. Und genau deshalb durfte sich auch in dieser dunklen Zeit kein irdisches Rad drehen, denn das hätte im Sinne der kosmischen Einheit ein Vergehen bedeutet. Wer die große Ordnung stört und schwächt, stört am Ende auch die eigene innere Ordnung und gefährdet das Überleben der Gemeinschaft.

Aus diesem ganzheitlichen Gedanken heraus wurde auch mit der Wintersonnwende auf den Höfen das Spinnen eingestellt. Eine verdiente Ruhepause für die Frauen – aber auch ein Innehalten und Verlangsamen im eigenen Tun, als Teil des großen, kosmischen Kreislaufes. Wie oben – so unten.

1.3   Erinnerung an den ewigen Kreislauf der Dinge

In vielen Gegenden hat sich ein weiterer Brauch aus dieser ganzheitlichen Weltsicht und des Eingebundenseins in die natürlichen Kreisläufe entwickelt: Am Vorabend der Raunächte wurden die Kinder bzw. eine »unbescholtene« Magd hinausgeschickt, um die Obstbäume zu schütteln. Dadurch wollte man einerseits eine gute Ernte für das kommende Jahr erbitten, andererseits aber die Bäume daran erinnern, dass mit dem Frühjahr auch ihre Säfte wieder in Fluss kommen würden. Ein ähnlicher Brauch wird in manchen oberbayerischen Gegenden gepflegt: Am Vorabend der letzten Raunacht geht die gesamte Familie samt Knechten und Mägden nach draußen zum sog. »Baambusseln«[*]. Das jüngste Kind musste jeden einzelnen Obstbaum umarmen und »busseln« (=küssen), um für die Ernte des vergangenen Jahres zu danken, und eine ebenso reiche fürs neue Jahr zu wünschen. Als Belohnung für diesen Aufwand bekam es am Ende eine Schmalznudel. Auch hier galt es daran zu erinnern – und zwar durch den jüngsten Spross der Familie – dass nach Kälte und Dunkelheit neue Fruchtbarkeit erwächst.

Was für die Natur galt, galt auch für den Menschen. Aus diesem Grund wurden während der Raunächte auch keine Haare bzw. Fingernägel geschnitten. Nichts durfte den jetzt ohnehin ge-

---

[*]   *Baambusseln = Baumküssen – Raunachtsbräuche –
Chiemsee-Alpenland*

schwächten Fluss der Säfte stören oder zusätzlich schwächen.

In der Heiligen Nacht – so glaubte man in früherer Zeit – wären alle Dinge – ob Mensch, ob Tier, ob Pflanze von einem besonderen Zauber beseelt. Aber dem Menschen oblag es mehr als allen anderen, dieses natürliche Zusammenspiel zu achten. Deshalb mochte auch der alte Aberglaube, dass in der Heiligen Nacht die Tiere im Stall der menschlichen Sprache mächtig wären, aus diesem Verständnis des untrennbaren Zusammenhangs erwachsen sein. Der Mensch war allerdings auch hier gefordert, sich den höheren Mächten zu beugen und sie nicht zu Gunsten egoistischer Bedürfnisse zu missbrauchen. Wer sich in die Ställe schlich, um dem Gespräch der Tiere zu lauschen, weil er sich davon eine hoffnungsvolle Zukunftsaussicht versprach, wurde nicht selten Zeuge der Ankündigung seines eigenen Todes.

Die Raunächte verlangen von uns also keine Bewegung, keine Aktion, keine Entwicklung, kein Planen, kein Lernen, kein Ergründen von Mysterien und im Grunde auch kein Schielen auf das Morgen, das da kommen mag und das noch im Dunstschleier des neuen Jahres liegt.

Sie verlangen nicht mehr von uns, als innezuhalten, uns zu besinnen, auf das, was wirklich ist und - wie es immer schon war und wie es die hohe Frau Percht auch lehrt - zu erkennen, dass wir eins sind mit allem, was ist, mit allem, was war und mit allem, was sein wird. Aus dieser Erkenntnis heraus folgt die Rückbesinnen auf unser Wirken als Teil der kosmischen All-Einheit.

Eine alte Überlieferung besagt, dass die Träume der 12 Raunächte unser Schicksal in den kommenden Monaten des Neuen Jahres offenbaren. Daraus ist nun zugleich auch die Annahme entstanden, dass diese Nächte auch für die 12 Tierkreiszeichen stehen und sie in der Qualität ihrer symbolischen Aussagen zu deuten seien. Aber genau das ist der Irrtum des Intellekts: Wir müssen nicht alles mit unserem Verstand und unserem Sachwissen in mehr oder weniger passende Schubladen und Schächtelchen zwängen. Die Zuordnung der Tierkreiszeichen folgt in ihrem natürlichen Rhythmus einem ständigen Wechsel zwischen aktiven und passiven Phasen. Allein dies widerspricht schon dem Wesen der Raunächte. Hier geht es eben nicht um Aktivitäten, Vorsatz und Handlungen, sondern um Innehalten, Rückzug und Besinnung auf eine höhere Ordnung, die es nötig macht, sich dem Ruhezustand hinzugeben im Vertrauen darauf, dass zur rechten Zeit wieder die rechten Dinge getan werden können. Wenn wir den Tierkreis mit seinen 12 Zeichen symbolisch als Grundlage für die Raunächte nehmen, dann lediglich als Sinnbild für die kosmische Ganzheitlichkeit und dem notwendigen Ausgleich, dem Wechsel von den Aktivitäten des zurückliegenden Jahres hin zu Passivität und Innenschau, den diese Zeit verlangt.

Zudem stimmt die exakte Zahl 12 nicht mit der Dauer der Raunächte überein – egal, wie wir rechnen: ob wir den 21. Dezember als 1. Raunacht nehmen oder erst mit dem Heiligen Abend beginnen. Wir können es drehen und wenden, wie wir wollen – die 12 der Raunächte bleibt immer eine symbolische Zahl. Jeder Versuch die eine Nacht hinein- und die andere wieder herauszurechnen, bleibt am Ende nichts anderes, als ein intellektueller Versuch, eine parabolische, sinnbildhafte Bedeutung in einen berechen- und damit kontrollierbaren Rahmen zu zwängen, wie in das Bett des Prokrustes[*].

Die Zahl 12 für die Raunächte ist ein Sinnbild für eine in sich abgeschlossene Ganzheit, eine Phase, die aus der Ordnung der 12 regulären Monate des Jahres fällt. Sie ist, wie alle Zahlen in Märchen, Mythen oder Mystik metaphorisch zu verstehen – stammen diese Benennungen doch aus Zeiten, in denen die meisten Menschen sich weder auf Schrift noch auf Zahlenwissen verstanden. Metaphern waren die Grundlage, um wichtiges Allgemeinwissen zu vermitteln und lebensnotwendige Informationen weiterzugeben. Die 12 in diesem Zusammenhang ist eine bildhafte Größenordnung, genauso wie eine »Vielzahl« oder ein »Tausendfaches«, eine unbegrenzte Menge oder unüberschaubare Bereiche beschreiben. Ebenso, wie auch die Zahl 40[4], die in der jüdischen oder islamischen Mystik, in der Bibel oder im orientalischen Märchen immer auf eine große Anzahl, auf etwas »Grenzenloses« hinweist. Sie gilt als heilige Zahl, als Zahl der Geduld, bezeichnet eine Zeit der Vorbereitung, die nicht vorherbestimmbar und plan-

---

[*]   *Als »Prokrustesbett« (nach dem gleichnamigen Riesen der griechischen Mythologie) bezeichnet man den Versuch, etwas in ein Schema zu pressen, das dort gar nicht hinein gehört.*

bar ist als. Sie zeigt eine Größe an, die i.d.R. über eine durch Zahlen bestimmbare Menge hinausführt.

Die alten überlieferten Zahlen, Vorschriften und Glaubensvorstellungen, welche die Raunächte betreffen, stehen stets im direkten Zusammenhang mit den natürlichen Gegebenheiten einer höheren, kosmischen Ordnung und sind somit immer metaphorisch gemeint. Diese Ordnung ergibt sich aus dem Eingebundensein des Menschen in eine kosmische Ganzheit. Wir sind Teil von allem. Sie ist niemals willkürlich und darf durch unnötiges Tun nicht verletzt oder gestört werden.

In diesem Zusammenhang können wir auch sehr leicht den Unterschied ausmachen zwischen der archetypischen, allgültigen Symbolik, die einem Mythos, einem Märchen oder auch einer spirituellen Lehre zugrunde liegt und einem Brauchtum, das sich aus aktuellen Gegebenheiten – sei es gesellschaftlicher, politischer oder sozialer Natur – entwickelt hat. Symbole des Alltags weisen nicht zwingend archetypischen Charakter auf, Symbolik – wie wir sie im tiefenpsychologischen bzw. transpersonalem Sinne verstehen, sehr wohl.

Brauchtum besitzt i.d.R. keine Symbolik, es hat lediglich eine ihm bewusst verliehene Bedeutung; eine Semantik, auf die sich eine soziale Gemeinschaft vorsätzlich geeinigt hat und deren Sinnzusammenhang einer intellektuellen Erklärung bedarf. Sie stellt die Zugehörigkeit zu dieser bestimmten Gruppe in den Vordergrund, und/oder bedient sich festgelegter Attribute, die eine, dem außenstehenden nicht per se verständliche, Botschaft vermitteln sollen.

Symbolik dagegen betrifft immer die grundlegende archetypische Aussage eines allumfassenden und allgültigen Kontextes. Sie ist etwas, das aus dem kollektiven Unbewussten, das uns unausgesprochen auf psychischer Ebene verbindet, erwachsen ist und spricht immer unsere verbogenen Seelenbilder an.

Dies gilt auch für die Raunächte – deshalb unterscheiden sich die neueren Bräuche dieser Zeit grundlegend von ihrem ursprünglichen Sinn und widersprechen ihm teilweise sogar.

In der Wahrnehmung der Qualität der »staaden Zeit« geht es nicht um vorsätzliches Handeln, sondern einfach nur ums Sein. Dass uns gerade die Träume den Weg zur Zukunft weisen, zeigt uns doch, dass wir uns hier in den Gefilden jenseits von Saturn befinden. Es geht um den Bereich Neptuns, den Bereich der Träume, Intuitionen, vielleicht auch der Ängste und Ahnungen – aber in jedem Fall um das »Sich-Einlassen« und die »Hingabe«.

Wer denkt, dass er die Raunächte einordnen kann in Regeln und Gesetzmäßigkeiten hat ihre Bedeutung nicht erfasst und ihr Mysterium wird sich ihm auch nicht erschließen.

Die Raunächte sind die Zeit, sich der Ganzheitlichkeit wieder zu erinnern und die Zugehörigkeit zur kosmischen Ordnung wieder zu erfühlen.

2. Götter, Dämonen und Heilige

2.1 Die Percht

Wie bereits erwähnt, geht es bei den überlieferten Ge- und Verboten der Raunächte nicht darum, eine starre Ordnung zu schaffen bzw. Regeln aufzustellen, die der besseren Kontrolle unserer Gedankenausrichtung oder der Optimierung unseres Lifestyles dienen. Vielmehr beziehen sich diese Bräuche auf das natürliche System, den Kreislauf, in dem auch der Mensch sich befindet und mit dem er untrennbarer verwoben ist. Die Raunächte sind eine Phase der Rück-Besinnung darauf. Alle Vorschriften und Gebote, die für diese Zeit erhoben wurden, dienten ursprünglich dem Schutz und dem Erhalt der Natur und dem Überleben von Pflanze, Tier und Mensch.

Der Mensch ist Teil des Ganzen – ein Rädchen im kosmischen Getriebe. Die Raunächte sind die Zeit, in der er sich dessen wieder bewusst wird. Es ist die kälteste, dunkelste Zeit im Jahr. Anders als heute verfügten die Menschen früher über keine künstlichen Lichtquellen. Sie waren ausschließlich auf die himmlischen Lichter Sonne und Mond angewiesen. Die Tagarbeit auf den Höfen war demnach in den dunklen Winterwochen auf das Wesentliche beschränkt. Die langen Nächte zwangen zu Stillstand und Rückzug. Das Ausgeliefertsein an die natürlichen Vorgänge – Dunkelheit, Winterstürme, Schnee, Eis und Kälte – ließ keine andere Wahl, als die, auf die kosmischen Kräfte zu vertrauen und zu erkennen, dass diese stärker und machtvoller sind, als das eigene Wollen.

In dieser Dunkelheit und Ruhe wuchsen nicht nur Ängste und Befürchtungen, sondern auch die Fähigkeit, die Welt und ihre rhythmische Bewegung zu beobachten und sich an ihr ein Beispiel zu nehmen.

Die Winterzeit war also immer eine gefährliche, lebensbedrohliche Zeit – niemand wusste, wie und ob man sie überstehen würde. Wie lange würde so ein Winter dauern? Würden die Vorräte reichen? Das Brennholz? Wie würden lebensnotwendige Pflanzen den Frost überstehen, Mensch und Tier eventuelle Krankheiten oder Hunger- und Kälteperioden? Und überhaupt: Würde die Sonne genug Kraft finden für einen erneuten Aufstieg? All dies lag im Ungewissen. Trost und Zuflucht in diesen angstbeladenen Nächten konnten die Menschen nur bei einer großen Mutter finden, die in ihrer himmlischen Macht über alles Leben, über das Werden und Vergehen auf der Erde wachte, es hütete, beschützte, leitete und notfalls aber auch Verstöße gegen die höhere Ordnung bestrafte.

2.1.1 Der verschwundene Knecht

Beim Birknerbauer saß einmal die alte Großmutter draußen vor dem Hof auf dem hölzernen Bankerl, als ich vorüberging. Sie grüßte recht freundlich und so setzte ich mich zu ihr. Die Alte war wohl recht froh über ein wenig Gesellschaft, denn bald schon fing sie an, mir Geschichten zu erzählen – all die Geschichten aus der guten alten Zeit, die bei näherem Hinhören meist gar nicht so gut war, wie man meinen könnte.

Sie hat mir viel erzählt, die Alte, von den harten Tagen der früheren Jahre, von der Kriegszeit, von alten Bräuchen und Sitten, vom Wirken der Jenseitigen und der guten und bösen Geister und all dem, was man damals so getan hat, um sich die »Entrischen« auch geneigt zu machen. So sind wir irgendwann auch auf die Raunächte zu sprechen gekommen und darauf, dass die Menschen früher sehr viel mehr darauf geachtet haben, die Gebote der hohen Frau Percht einzuhalten und sich vor dem Treiben der Wilden Jagd zu schützen.

»Weißt'«, hat sie gesagt, »ich glaub, dass es ja den Leuten früher, als sie noch nicht so viel hatten, sehr viel leichter gefallen ist, zu teilen, als heute, wo die meisten doch so im Überfluss leben. Vielleicht gibt man ja lieber, wenn man selbst nicht so viel hat und oftmals froh darum sein muss, wenn auch dir ein anderer hilft.«

Plötzlich, da hat sie meine Hände genommen, sie ganz fest gedrückt und mir direkt ins Gesicht geblickt. Ihre Augen bekamen mit einem Mal so einen leicht rötlichen Schimmer, sodass sie fast aussahen, wie die dunklen Knopfaugen eines Wiesels, während sie weiter sprach:

»Ich weiß schon, dass ihr jungen Leut' an so was nicht mehr glaubt's. Aber hier auf dem Hof ist vor vielen Jahren einmal eine ganz seltsame Geschichte passiert. Damals, es war in der Zeit, als meine Großeltern den Hof noch bewirtschaftet hatten, da waren sie mit dem Pferdewagen in der Heiligen Nacht hinunter ins Dorf zur Christmette gefahren. In diesen Jahren, da trieb sich allerlei Gesindel herum, fahrendes Volk und Hausierer – alles, womit wir nicht gerne zu tun hatten. Wir waren ja die Sesshaften, denen der Grund und Boden gehörte und hielten uns allein schon deshalb immer für etwas Besseres.

Knecht und Magd, so war es üblich, sind in so einer Nacht zurückgeblieben, um auf den Hof zu schauen, damit nichts wegkam. Aber noch viel wichtiger war es, darauf zu achten, dass die wilde Jagd nicht durchziehen mochte und die Geistwesen keinen Schaden anrichten konnten. Wir wussten ja alle, dass in den dunklen Nächten ein besonderer Zauber herrschte, da konnte Gutes und Böses geschehen, weshalb man immer auf der Hut sein musste.

Die beiden sassen also in der guten Stube, während draußen der kalte Winterwind winselnd und fauchend um den Hof fuhr und die Schneeflocken in einem wirbelnden Tanz vor sich hertrieb. Im Ofen prasselte das Feuer, es war warm und gemütlich, aber ihnen schien es, als wolle die Zeit bis zur Heimkunft der Hofleute gar nicht vergehen. Die Zeiger der großen Wanduhr bewegten sich mit unendlicher Langsam-

keit, gleichmäßig tickend voran. Die schweren Gewichte an den langen Pendeln schaukelten hin und her und dennoch schien die Nacht kein Ende zu nehmen. Wo nur die Bauersleut' blieben? Aber wahrscheinlich hatten sie sich entschlossen, bei dem harschen Wetter lieber bei der Verwandtschaft zu schlafen und erst morgen Früh wieder zurückzukommen. Mit einem Mal aber – der Knecht sah gerade durch das verschneite Fenster nach draußen, da legte sich der Sturm, wie durch Geisterhand, die Wolkendecke lichtete sich und der Mond schien voll und rund auf das weiße Schneefeld und ließ es leuchten, wie mit feinem Gold bestäubt. Und mitten in diesem Glanz stand, ganz still und scheu, ein kleines, zartes Reh. Es hob den Kopf und blickte dem Knecht da drinnen direkt in die Augen. Der sprang sofort auf. Die Lust aufs Töten hatte in gepackt. Er griff sich die geladene Büchse, die neben der Uhr an der hölzernen Wand hing und lief, ohne sich Mantel oder Stiefel anzuziehen, auf die Haustüre zu.

›Wo willst' denn hin?‹, rief die Magd ihm noch nach. ›Bist du narrisch! Es ist Raunacht, da darfst' doch kein Tier schießen!‹

Aber der Knecht war so ergriffen von seiner Jagdgier, dass er nicht auf sie hörte und so riss er wortlos die Türe auf, lief ein Stück über den Hof und als er nahe genug heran war, legte er gleich auf das unschuldige Tier an.

Aber genau in dem Augenblick, als der den Abzug drücken wollte, da entdeckte er neben dem Reh ein zweites und dann ein drittes und so ging das fort. Immer mehr Rehe erschienen vor ihm, sodass er plötzlich nichts anderes mehr sah, als Reh an Reh – vor ihm und hinter ihm – rundherum – und alle starrten ihn unverwandt aus ihren dunkel glänzenden Augen an.

In diesem Moment, da fiel es ihm selber wieder siedendheiß ein und jetzt wurde er auch gewahr, was die Magd ihm nachgerufen hatte: ›Es ist Raunacht!‹ Mit einem Mal erinnerte er sich wieder, dass es nicht im Sinne der hohen Frau war, in diesen Heiligen Nächten eines ihrer schutzbefohlenen Wesen zu töten. So schnell er konnte, wandte er sich um und wollte zurück ins sichere Haus laufen, aber vor lauter schnell rutschte er aus seinem Holzschlappen heraus, der im dichten Schnee stecken blieb.

Und dieser Schuh, der war am Ende das Einzige, was von dem Knecht noch zu finden war. Von ihm selbst blieb kein Knopf und kein Haar mehr zurück. Nicht einmal mehr die Jagdbüchse des Bauern. So sehr man auch am nächsten Tag nach ihm gesucht hatte, der Mann war und blieb verschwunden. Wäre die Magd damals nicht Zeuge gewesen, hätte auch niemand erfahren, wie es mit seinem Verschwinden zugegangen war. Aber so wussten wir, dass es die Percht oder vielmehr die wilde Jagd war, die ihn mitgenommen hat, in die jenseitige Welt und, dass er dort wohl büßen hat müssen für seinen Frevel. Die Magd, die hat diese Geschichte jedes Jahr während der Raunächte erzählt und glaub mir, so wahr ich hier sitze, ich selbst hab sie noch gehört, als ich ein kleines Mädchen war!«

Alles Werden und Vergehen war behütet durch eine Große Muttergottheit, da nur sie das Leben schenken konnte.

Diese übergeordnete mütterliche Instanz sah man - zumindest im alpenländischen Bereich – in der Percht oder Perchta, der *»Glänzenden«*, *»Leuchtenden«* oder *»Prächtigen«*, wie ihr Name sagt. Seinen Ursprung sehen Etymologen im althochdeutschen *»peraht«* (= hell) oder im mittelhochdeutschen *»brecht«* (=glänzend) und alle Vor- und Nachnamen, die die Silben *»Bert«* oder *»Brecht«* enthalten, weisen auf die Verbindung zu dieser Großen Muttergottheit hin. Der Name einer bayerischen Marktgemeinde »Berchtesgaden«, wird von manchen Etymologen auf eben diese *Perchta* zurückgeführt, weshalb dieser Ort für manche als die »Wiege der Percht« gilt. Hier liegt ihr »Garten Eden« [*] oder der, wie in der keltischen Mythologie als *Avalon* bezeichnete Apfelgarten – eine von jeglicher Sünde befreite, in sich geschlossene Welt. Deshalb wundert es nicht, dass gerade in dieser Gegend unzählige Sagen und Mythen über das Wirken der hohen Frau entstanden sind.

Aber die Percht erscheint in vielen Überlieferungen und Erscheinungsformen. Während die einen ihre Wurzeln in den heidnisch-keltischen Naturreligionen sehen, vermuten andere, dass es vereinzelte Germanengruppe waren, die diese Vorstellung eines weiblichen Numens in die alpenländischen Gegenden brachten.

---

[*] *Garten Eden = sumerisch »Guan Eden«, »Garten der Wonne« oder lt. Neuem Testament »Ort der Seligen«*

Und tatsächlich begegnet sie uns in den eher nördlichen Gegenden und vor allem in den alten Märchen oft auch als Frau Holle, Fru Wud (die »*Frau des Wode*«), Frau Gode (Gothel) oder die Fricke (Freya). Sie lebt in eigenen Gärten[*], in himmlischen, über- oder unterirdischen oder gar jenseitigen Wohnstätten[5]. Sie fährt mit ihrem Wagen über die Himmel und wird dabei von einer wilden Meute von Jagdhunden begleitet.

Die Percht ist also die alpenländische Erscheinungsform der Großen Muttergottheit. Wir finden ihre Attribute aber auch in der slawischen Perchta, der germanischen Freya oder Frigg, der nordischen Hel, der griechischen Demeter, der keltischen Danu, der indischen Kali oder der russischen Baba Yaga und in vielen anderen mehr. Jede Kultur kennt ihre kosmischen Mütter, deren Wirken weit über die irdischen Belange hinausgeht. Sie alle gelten als Göttinnen der Liebe, der Fruchtbarkeit aber auch des Todes. Oft sind sie als Hexen verschrien oder als Heilige verehrt. Vielfältig sind ihre Namen und Gesichter.

In Italien berichtet ein alter Volksglaube davon, dass Befania, eine Hexe bzw. ein weiblicher Dämon in der Nacht vom 5. auf den 6. Januar auf der Suche nach dem Jesuskind von Haus zu Haus fliegt und die Bewohner entweder beschenkt oder bestraft. Ihr Name stammt von Epiphanie, dem christlichen Fest der Heiligen

---

[*] *Frau Gothel wird die Zauberin im Märchen Rapunzel genannt, in deren Garten die gleichnamigen Pflanzen wachsen, nach denen es Rapunzels Mutter in der Schwangerschaft gelüstet.*

Drei Könige, einer, der patriarchalen Religion entsprechendem, männlichen Heiligentrias. Demnach verkörpert sie den ursprünglich weiblichen Aspekt dieser Suche nach Kindern bzw. Seelen und verweist damit auch auf den Glauben an die Große Mutter in Gestalt der Percht. Nach naturreligiösen Vorstellungen ist dieser Tag auch als der Tag der Percht überliefert.

Diese Percht also, so glaubte man, würde in den Raunächten auf die Erde kommen, um nach dem Rechten zu sehen. Sie hütete alles Leben, genauso wie die seligen Heimchen, die Seelen der verstorbenen Kinder, die nach ihrem Tod wieder in ihre kosmische Obhut zurückkehrten, um dort ewige Geborgenheit und Heimat zu finden. Sie führte sie unter ihrem weiten himmlischen Mantel und es war ein Trost für jede Mutter, die ihr Kindlein nicht am Leben erhalten konnte, was in Zeiten hoher Kindersterblichkeit keine Seltenheit war, zu wissen, dass es eine ewige Zuflucht für diese unschuldige Seele gab.

In einem Bericht der Zeitschrift »Inn/Isengau« aus dem Jahre 1936 ist überliefert, dass *»die Frau Bercht nachts in Begleitung von sieben Kindern mit einem Wasserkrug umhergeht, in dem sie die Tränen der Mütter sammelt, die ihre Kinder durch den Tod verloren haben.«*

Um die Große Mutter gnädig zu stimmen, war es vielerorts üblich, ihr während der Raunächte – vornehmlich in der Heiligen Nacht – einen reich gedeckten Gabentisch vor die Höfe zu stellen, in der Hoffnung, dass sie dort auf ihrer nächtlichen Winterfahrt innehalten und ihren göttlichen Segen aussprechen würde. Schmalzgebackenes, Getreide, Nüsse, Milch und Honig waren dem Glauben nach ihre bevorzugten Speisen, die sie in der Regel mit ihrer wilden Reiterschar und den seligen Heimchen zu teilen pflegte.

Wer jedoch versuchte, bei dieser Gelegenheit einen unerlaubten Blick auf die heilige Frau zu werfen, wurde von ihr gnadenlos mit Blindheit oder dem Verlust anderer Sinnesorgane bestraft. Manche Quellen berichten, dass es der kalte Atem der Percht ist, der Menschen blenden oder gar töten kann.

Aus ihren Reichen in den Brunnen, Seen oder Teichen schickte die Percht die Seelen ins Leben und rief sie, wenn ihre Zeit gekommen war, auch wieder zurück. So waltete sie über alles Leben und alles Sein.

In den Raunächten schritt die Percht über die gefrorene Erde und lauschte mit aller Sorgfalt auf den Atem der schlafenden Tiere in ihren Höhlen und auf die erstarrten Säfte in den Zweigen von Büschen und Bäumen. Sie hielt ihre kosmische Hand schützend über die Menschen, um sie sicher und geborgen durch Dunkelheit und Kälte zu führen.

Alte Märchen und Mythen berichten heute noch von ihrem segensreichen Wirken, aber auch von ebenso schmerzhaften, wie lehrreichen Lektionen, die sie demjenigen erteilte, der die Natur nicht achtete, sein Vieh nicht gut versorgte oder gar die Hand gegen Frauen und Kinder erhob. Ihre Strafen waren hart und drakonisch. Aber sie strafte immer im Sinne der kosmischen Gesetzmäßigkeiten[6]. Sie gewährte das Leben - aber sie nahm es auch wieder.

2.1.2   Frau Perchts Fluch

Damals, in einer Zeit, in der die meisten Menschen sich noch darauf verstanden, die Sonntagspredigten des Pfarrers mit den allgültigen Gesetzen der Großen Mutter in Einklang zu bringen, befand sich in Wasserburg, dort, wo Schuster- und Färbergasse aufeinandertreffen, eine kleine Schneiderstube.

Sie gehörte einer Witwe, die sich aufs Beste darauf verstand, die feinsten und edelsten Wäsche- und Kleidungsstücke herzustellen. Wer bei ihr arbeiten durfte, musste eine begnadete Schneiderin sein und die jungen Mädchen, die dort in die Lehre gehen durften, betrachteten dies als große Ehre. Nur begüterte Eltern konnten es sich leisten, das von der Schneidermeisterin geforderte Lehrgeld aufzubringen.

So traf es einmal zu, dass die Tochter eines wohlhabenden Händlers in dieser Schneiderwerkstatt ihre Ausbildung antrat. Sie war recht geschickt im Umgang mit Nadel und Faden und auch sonst sehr klug und umsichtig. Aber vielleicht war das ja gerade ihr Fehler, denn ihre rasche Auffassungsgabe ließ sie mitunter etwas vorlaut reagieren und zu den Helferinnen in der Schneiderei oder den Wäscherinnen, die jeden Tag kamen, um die fertiggestellten Sachen zur Reinigung oder zum Plätten abzuholen, war sie herrisch und herablassend im Ton.

Die Meisterin bemerkte das sehr wohl, aber sie dachte bei sich: »Die wird sich schon noch fangen.« Und so ließ sie das Mädchen erst einmal gewähren, ohne ihm die Grenzen aufzuzeigen.

Jedes Jahr in den Wochen vor Weihnachten hatte man in der Nähstube alle Hände voll zu tun. Nicht nur, dass jede Bürgersfamilie in Wasserburg, die etwas auf sich hielt, zu den Festtagen neue Kleidung für die ganze Familie in Auftrag gab. Nein, es war auch, weil – wie ja damals jeder wusste – rechtzeitig vor den Heiligen Nächten alle Arbeiten fertiggestellt sein mussten. Kein halbvernähtes Tuch, kein zugeschnittener Stoff, kein offener Hosensaum, keine unfertige Arbeit durfte über die Raunächte liegen bleiben, denn das hätte Folgen für das neue Jahr haben können, die keiner auf sich nehmen wollte.

So saßen also die fleißigen Schneiderinnen in der warmen Stube, während draußen ein eisiger Winterwind durch die Gassen der Stadt pfiff und dicke Schneeflocken vor sich her trieb, die Köpfe tief über ihre Arbeiten geneigt und nähten sich die Finger wund.

Die kleinen Öllämpchen flackerten, im Kamin prasselte das Feuer und so fingen schließlich die Alten unter ihnen an, Geschichten zu erzählen. All diese Geschichten aus längst vergangenen Zeiten, die sie selbst zwar nicht erlebt, von denen aber ihre Großmütter und Urgroßmütter erzählt hatten. Und genauso, wie sie diese Geschichten gehört hatten, gaben sie sie jetzt weiter und berichteten von all den wundersamen Begebenheiten und Erscheinungen während der Raunächte.

Vom schwarzen Wode und seinem unheimlichen Gefolge, das mit lautem Heulen und Krachen vom wolkenverhangenen Himmel herab fuhr, war da zu hören, von der wilden Schifffahrt auf dem Inn, von segensreichen Himmelswesen und listigen Erdgeistern. Die Frauen erzählten aber auch von der

Percht, die damals selbst noch mit ihren seligen Heimchen in den dunklen Winternächten auf die Erde kam, um nach dem Rechten zu sehen, von all den Ge- und Verboten der Weisen Frau, von den Sitten und Bräuchen, die sich daher abgeleitet hatten und davon, wie gefährlich und folgenschwer es war, sich über diese Gesetze hinwegzusetzen.

Die Jüngeren lauschten gespannt mit offenen Ohren und roten Wangen – alle, bis auf eine: Das neue Lehrmädchen verzog spöttisch das Gesicht, während es gerade einen neuen Faden mit seiner Zunge befeuchtete, ehe es ihn durch das enge Nadelöhr schob. »Ach, Ihr mit eurem alten Aberglauben. Wer glaubt denn heute noch so etwas? Lasst euch doch nicht auslachen! Was würde denn schon passieren, wenn ich meine Wäsche einfach draußen hängen ließe – hä?«

»Du, hüte dein Mundwerk! So darfst nicht reden!«, rief eine der Älteren erbost.

»Wer sollte mich denn daran hindern – deine Heilige Frau vielleicht, oder wer? Dass ich nicht lache!«

»Jetzt ist aber Ruhe!«, rief die Meisterin energisch, ehe in der Stube ein richtiger Streit ausbrechen konnte. »Ihr seht jetzt alle zu, dass ihr mit der Arbeit fertig werdet! Ich will kein Wort mehr hören!«

Und so senkten alle schnell wieder ihre Gesichter über die Stoffe und arbeiteten flink weiter, ohne auch nur einen Ton von sich zu geben.

Es war Heiliger Abend. Draußen war es schon finster geworden, als endlich der letzte Kreuzstich gestickt und der letzte Lochsaum vernäht war. Alle Kundinnen hatten die be-

stellten Arbeiten bereits abgeholt. Nur ein Kleid war am Ende übrig geblieben. Ein wunderschönes Kleid von himmelblauer Farbe mit kostbarsten Stickereien darauf. »Na, dann wird das wohl Zeit haben, bis nach den Festtagen«, sagte die Meisterin, faltete es sorgfältig zusammen und legte es in die große, hölzerne Truhe, in der die fertigen Stücke auf ihre Abholung warteten. Wie jedes Jahr an Weihnachten gab die Meisterin jetzt noch einer jeden ihrer Helferinnen ein kleines Säckchen mit Äpfeln, Nüssen und einem Stück Speck darin für die Feiertage. Nachdem sich alle gegenseitig ein schönes Fest gewünscht hatten, verabschiedeten sie sich voneinander, wickelten sich in ihre warmen Wolltücher, ehe sie durch den frostigen Wintersturm nach Hause zu ihren Familien huschten. Auch die Meisterin selbst hatte es eilig. Draußen wartete schon eine Pferdekutsche, die sie geschwind zu ihrer Schwester bringen sollte, die in Attel, in der Nähe des Klosters ein kleines Häuschen besaß und die dort schon mit dem Weihnachtsessen wartete.

So war die Werkstatt, bis auf das junge Lehrmädchen, bald verlassen. Die Jüngste hatte noch die Aufgabe, herumliegende Nadeln aufzuheben, Tücher zusammenzulegen, den Boden zu fegen, schließlich alle Lichter zu löschen und die Türen sorgfältig zu versperren.

Das Mädchen beeilte sich, schließlich wollte es auch bald daheim sein. Dort wartete schon die Mutter mit der Suppe und den gebratenen Schweinswürstel mit Kraut, die immer zur Weihnacht auf den Tisch kamen. Danach würde es die Be-

scherung geben, unter dem großen, mit rotbackigen Winteräpfeln und selbst gebastelten Strohsternen geschmückten Tannenbaum, den der Vater jedes Jahr aus dem Wald holen ließ.

In freudiger Erwartung fuhr es mit energischen Besenstrichen über den Holzboden, als es plötzlich laut an der Tür pochte.

»Es ist niemand mehr da!«, rief das Mädchen.

»Ach, bitte, mach mir auf! Ich brauche so dringend mein Kleid, das ich bestellt habe!«

So ging also das Mädchen zur Tür und öffnete. Draußen stand eine hochgewachsene, edle Frau. Das Mädchen konnte ihr Gesicht nicht richtig erkennen, ein wollenes Tuch, das die Dame über ihr Haar gelegt hatte, warf einen dunklen Schatten darauf.

»Die Meisterin ist aber schon gegangen!«

»Das macht doch nichts, gib du mir doch das Kleid! Du weißt schon, welches ich meine. Das Blaue, geh' und hole es mir, mach schnell!«

Und so öffnete das Mädchen die alte Holztruhe und nahm das festliche Gewand heraus.

Als die Frau es jedoch in die Hände nahm und im Schein der Öllampe ein wenig hin und herdrehte, um es prüfend zu betrachten, rief sie plötzlich: »Aber da! Da sind ja noch Flecken auf dem Stoff, das ist ja noch gar nicht gewaschen!«

»Aber ich sagte doch schon, es ist niemand mehr hier, außerdem lässt die Meisterin nicht waschen während der Raunächte!«

»Sie hält sich also an die alten Gesetze, und du? Wie ist es mit dir, mein Kind? Hältst du dich auch daran?«

»Pah, alte Gesetze!«, lachte das Mädchen, »wer wird denn noch an so was glauben? Das ist doch nur was für die Alten und die Dummen!«

»So, so«, sagte die Fremde. »Na, wenn das so ist, dann wirst du mir das Kleid ja heute noch fertig machen können – oder nicht? Ich will dich auch dafür belohnen.« Sie zog aus ihrem samtenen Säcklein, das an ihrem Gürtel baumelte, einige Goldmünzen hervor. »Ich bleib schon nichts schuldig.« Und wie sie das sagte, da lachte sie ein wenig seltsam, so, als meine sie damit etwas ganz anderes. »Ich bin noch nie jemand etwas schuldig geblieben, mein Kind! Morgen um die Mittagszeit komme ich wieder hierher und hole es ab!«

So nahm das Mädchen also das Kleid und machte sich geschwind auf den Weg hinüber in die Wäscherei. »Was für ein Glück, dass noch jemand da ist!«, rief sie, als sie die Waschküche betrat und noch einige Wäscherinnen antraf, die sich nun anschickten, nach Hause zu ihren Familien zu gehen, nachdem sie sauber gemacht und gerade die letzten Waschbottiche umgedreht hatten.

So sehr sich das junge Lehrmädchen nun auch bemühte, wenigstens eine der Frauen dazu zu überreden, das Kleid zu waschen und aufzuhängen, es wollte sich keine finden, die am Vorabend zur Heiligen Nacht noch bereit war, dies zu tun.

»Es ist Raunacht! Wo denkst du denn hin? Da wird nichts mehr gewaschen und schon gar nicht zum Trocknen aufgehängt! Außerdem ist kein heißes Wasser mehr im Kessel und

die Bottiche sind alle schon trocken gewischt. Das muss jetzt warten bis nach den Feiertagen.«

Aber die Junge dachte an die Belohnung und wollte den Frauen zeigen, wie dumm und abergläubisch sie alle waren. So drehte sie sich mit einem Fluch auf den Lippen um und lief mit dem Kleid hinunter zum Innufer. Und während sich das Läuten der Glocken von St. Jakob über der Stadt erhob, tauchte sie es eigenhändig in das eiskalte Wasser hinein. Als sie es jedoch gerade wieder aus den Fluten ziehen wollte, da begann vor ihren Augen der Fluss plötzlich die Strömungsrichtung zu ändern. Es bildete sich ein Wirbel, in dem sich das Wasser immer schneller und schneller zu drehen begann. Auf einmal erschien in ihm das Bild einer Frau, deren Gesicht düster und sehr zornig aussah. Es verwandelte sich zusehends immer mehr in eine scheußliche, furchterregende Grimasse, wie die eines Dämons, mit glühenden Augen und weit aufgerissenem, hassverzerrtem Mund und diese Fratze schien nun geradewegs aus den Wogen herauszubrechen.

Das Mädchen erschrak fast zu Tode. Mit einer Hand schlug sie sich auf den Mund, um den Schrei, der ihr gerade aus der Kehle fahren wollte, zu unterdrücken; mit der anderen Hand fasste sie das Kleid und rannte, so schnell sie konnte, zurück in die Schneiderwerkstatt.

Ihr Herz klopfte bis zum Hals, der Atem brannte in ihren Lungen. Trotzdem hängte sie das Kleid noch schnell über den Ofen, der noch ein wenig Restwärme abstrahlte, ehe sie sich eiligst auf den Weg nach Hause machte.

»Aber, mein liebes Kind, wie siehst du denn aus?«, fragte die Mutter besorgt, als sie ihre Tochter bleich, zitternd und völlig außer Atem vor der Tür stehen sah.

Wie das Mädchen jedoch den Mund öffnete, um von seinem unheimlichen Erlebnis zu berichten, kam kein Wort über seine Lippen. So sehr es sich auch bemühte: Nichts! Kein Laut, keine Silbe, ja nicht einmal ein Stammeln.

Die Eltern ließen sogleich nach dem Arzt rufen; aber auch der konnte keine Abhilfe schaffen.

Die junge Frau war und blieb stumm. Tausend Gedanken gingen ihr durch den Kopf, aber sie konnte sie nicht mitteilen. Niemand verstand sie mehr und nicht nur das. Im Laufe der Zeit waren alle davon überzeugt, dass sie den Verstand verloren hatte. Und so hörte schließlich jeder auf mit ihr zu sprechen.

Für die Stumme begann nun eine schlimme und einsame Zeit. Die Eltern fingen an, sich für sie zu schämen, und wer sich anfangs noch bemühte, ihr etwas verständlich zu machen, stellte diese Bemühungen schließlich ein, weil er nie eine Antwort von ihr erhielt. Wer sollte denn schon ahnen, dass die Arme sehr wohl jedes Wort verstand, aber nicht in der Lage war, auch nur einen Laut von sich zu geben. Dass sie einen klaren und wachen Geist besaß, eine Seele, die litt – aber keine Möglichkeit hatte, diese Gedanken und Gefühle in Worte zu kleiden?

So trug man ihr von nun an auch in der Schneiderei nur mehr die niedrigsten Arbeiten auf, beachtete sie kaum und nahm sie schließlich irgendwann gar nicht mehr wahr.

Und die junge Schneiderin tat stumm und verbittert ihren Dienst und wurde dieser nicht benötigt, so ging sie oft hinunter zum Innfluss, weil sie die Gemeinschaft mit den anderen, die so fröhlich und vergnügt waren, nicht mehr aushielt.

Denn dort am Ufer des grünen Flusses, wo ihr dieses schreckliche Unglück widerfahren war, spürte sie endlich einen inneren Frieden, nach dem sie sich so sehr sehnte. Sie vernahm das stille Lied der herabfallenden Schneeflocken, sah, wie am Ende des Winters Eis und Schnee schmolzen, die eisbedeckten Pfützen wieder auftauten, glitzernde Wassertropfen von Ästen und Zweigen herabfielen und sie hörte das Zwitschern der ersten Amsel im Geäst.

Und mit dem Eis schmolz schließlich auch ihre Verbitterung und sie begann zu verstehen, was ihr geschehen war. Ihre Lippen blieben verschlossen, aber ihr Herz, ihre Augen und ihre Ohren begannen sich zu öffnen und sie beobachtete gespannt den Lauf der Natur. Sie lauschte dem Plätschern der Wellen und dem wechselnden Gesang der Wogen. Als die ersten grünen Knospen aus dem Geäst trieben und zarte Blüten hervorbrachen, da sog sie den Hauch des Frühlings und den süßen Duft der Blumen in sich auf und es schien ihr, als würde dies den Durst ihrer wunden Seele stillen. Es war ihr, als sähe sie zum ersten Mal in ihrem Leben die bunte Farbenpracht der Sommerblumen und der tanzenden Schmetterlinge. Der warme Wind streichelte ihr Gesicht und das Wispern der Gräser erzählte ihr traumhafte, geheime Dinge. Und schließlich brachte die Üppigkeit der rotgoldenen Herbstblätter ihre Augen zum Strahlen und sie freute sich am modrig-süßen Geruch der herbstlichen Erdenfeuchte.

Als nun endlich der Winter wieder kam, da saß sie, unbeachtet von den anderen Schneiderinnen, in der Werkstatt und lauschte den alten Geschichten mit ihrem ganzen Herzen.

Mit einem Mal begann sie die Wahrheit hinter den Dingen zu verstehen, die Botschaften der alten Märchen und Mythen zu entschlüsseln und den geheimen Sinn der Gesetzmäßigkeiten des Lebens zu begreifen.

Schließlich stand die Heilige Nacht wieder bevor und das Mädchen blieb, wie im vergangenen Jahr, alleine in der Werkstatt zurück, um die letzten Arbeiten zu erledigen. Und genau, wie vor einem Jahr, klopfte es auch dieses Mal wieder an die Tür.

Das Herz der Stummen pochte heftig, als sie mit schweißnassen, zitternden Fingern den Riegel zurück schob. Noch ehe die Tür aufsprang, wusste sie schon, wer draußen sein würde.

Und tatsächlich: Wieder stand diese hochgewachsene, fremde Frau vor ihr und wieder verbarg ein wollenes Tuch ihr Gesicht. Als die Frau in die Stube getreten war, schlug sie das Tuch zurück. Angstvoll blickte die Junge zu Boden. Sie fürchtete noch einmal jene schreckliche, verzerrte Fratze sehen zu müssen, wie in jener unseligen Nacht am Inn.

»Sieh mich an, mein Kind!«, sprach die Fremde nun mit sanfter Stimme.

Ganz vorsichtig hob sie die Augen und sah in ein Gesicht, das so wunderschön war, so sanft, so gütig und so liebevoll.

»Vor einem Jahr noch«, fuhr die Frau nun fort, »warst du hart und ungerecht. Du lachtest über meine Gebote und setztest dich nach deinem Willen darüber hinweg. Ich habe dir

deine Sprache nicht genommen, um dich zu strafen, sondern um dich zu lehren, auf das zu achten und zu hören, was wichtig und wesentlich im Leben ist. Du hast dich in dein Schicksal gefügt und das Beste daraus gemacht. Über deine eigene Sprachlosigkeit hast du gelernt, auf deine innere Stimme zu hören und dein Herz zu öffnen für das Wesentliche. Deshalb gebe ich dir deine Sprache wieder zurück. Achte diese Gabe von nun an und bedenke, dass Worte wie Waffen sein können. Wähle sie von nun an wohl und überlegt!«

Und ehe die junge Schneiderin begriff, was überhaupt geschehen war, hatte die fremde Frau sich umgewandt und das Haus verlassen. Als sie ihr nacheilte und die Türe öffnete, um ihr hinterherzublicken, sah sie vor sich die ganze Gasse hinunter nichts anderes, als eine weiße, geschlossene Schneedecke, auf der nicht ein einziger Fußabdruck zu sehen war.

Das Mädchen hatte von nun an tatsächlich seine Sprache wieder gefunden. Die Eltern, die Meisterin, alle waren hoch erfreut und taten so, als hätten sie niemals am Verstand der jungen Frau gezweifelt. Sie aber wollte und konnte nicht mehr so leben, wie vorher. So packte sie eines Tages ihr kleines Bündel, ließ die kleine Stadt im Flussmäander hinter sich und zog in die Welt hinaus, um den Menschen Botschaften von den immerwährenden, verborgenen Weisheiten und den allgültigen Gesetzen des Lebens zu bringen.

2.2   Nikolaus, der Gabenbringer

Einer der wichtigsten Winterheiligen wird nach der christlichen Tradition in der Figur des Heiligen Nikolaus, Bischof von Myra[*] verehrt, der vermutlich zwischen Ende des 3./Anfang des 4. Jahrhunderts lebte.

Er gilt als Beschützer von Kindern und Frauen und viele seiner Legenden erzählen von seinem wundertätigen Wirken. Sein Gedenktag am 6. Dezember wird in allen christlichen Kirchen mit unzähligen Bräuchen und Traditionen begangen.

So berichtet eine Überlieferung davon, dass er einst die Töchter eines armen Mannes vor der Prostitution rettete, in dem er 3 (!) Goldklumpen durch das Fenster in das Zimmer der Jungfrauen warf. Deshalb auch seine häufige Darstellung mit drei goldenen Kugeln oder Äpfeln. Dies mag jedoch durchaus als Hinweis auf die 3 keltischen Bethen (siehe ab Seite 65 im Kapitel »Die heiligen Madl«) und die durch sie symbolisierte weibliche Urkraft gelten.

Nikolaus gilt nicht nur aufgrund seiner Geschenke und Gaben als Beschützer unschuldiger Kinder. Die Erzählung über die Heimführung eines verschleppten Kindes berichtet von einem

---

[*]   *Myra war ein Ort in Kleinasien, der heutigen Türkei. Lt. Heiligenlexikon beziehen sich die überlieferten Legenden über die angeblichen Wunder jedoch nicht nur auf das Wirken des Bischofs von Myra, sondern auch auf die eines gleichnamigen Abtes des Klosters Syon nahe Myra, der ca. 300 Jahre später lebte.*

Wunder, das der Heilige nach seinem Ableben bewirkt haben soll. Ein Mann, der ihn um Hilfe bitten wollte, weil seine Ehe bis dahin kinderlos geblieben war, traf den Bischof nicht mehr lebend an. Nach dem Begräbnis nahm der Gläubige ein Stück Leinen vom Lager des toten Nikolaus als Reliquie an sich. Tatsächlich – so die Legende – wurde ihm ein Jahr später am Todestag des Hl. Nikolaus ein Sohn geboren. Dieser Sohn wurde jedoch in seinem 7. Lebensjahr nach Babylon entführt und versklavt. Nach den innigen Gebeten der Eltern erfasste ein Wirbelwind das Kind und trug es – exakt wieder am Todestag des Heiligen – durch die Lüfte genau zu jener Kapelle zurück, in der für seine Rückkehr gebetet wurde.

Unzählige weitere Erzählungen berichten von Kornwundern, wonach 100 Sack Getreide die Bevölkerung von Myra vor dem Verhungern bewahrten, Beruhigung von Seestürmen, sowie davon, dass Nikolaus einst auch den bereits ertrunkenen Sohn eines Pilgers aus dem Meer errettete.

Nikolaus tritt also in den Legenden immer wieder als Wundertäter bei Hungersnöten und Retter von Kindern oder jungen Frauen auf – genau, wie auch die Percht als Hüterin der unschuldigen Seelen gilt.

Er ist der Schutzheilige ganzer Völker, wie z. B. der Russen, der Serben, der Kroaten, sowie Regionen, wie Lothringen und Süditalien. Aufgrund seiner zahlreichen überlieferten Legenden gilt er als Patron vieler Berufsgruppen, u.a. Schiffsleute, Fuhrleute, Salzsieder, Getreidehändler, Rechtsanwälte und Juristen.

Aber unser Nikolaus und sein düsterer Begleiter Knecht Ruprecht zeigen durch ihren schenkenden bzw. strafenden Charakter auch Züge der gebärenden und der verschlingenden weiblichen Urkraft. Der Sack in den sie ungezogene Kinder stecken, ist nichts anderes, als ein Symbol für den kosmischen Uterus, in den jedes Leben wieder zurückkehrt. Nikolaus, Ruprecht oder auch der Pelzmärtel, der Pelznickel, Beelzebub oder Krampus, wie sie in manchen Gegenden genannt werden, führen Buch über die guten und schlechten Taten, so wie auch ihre Herrin darüber wacht, dass kosmische Gesetzmäßigkeiten eingehalten werden. Sie bringen Gaben in Form von Nüssen, Süßigkeiten und Obst – alles Nahrhafte also, was ein Mensch zum Überleben im Winter braucht. Als dunkler Begleiter der lichten Heiligenfigur des Nikolaus, verkörpern Knecht Ruprecht oder der Krampus den strafenden, zerstörenden Aspekt der dunklen Winterzeit. Speziell in Österreich und Bayern erinnert er durch Pelze und Hörner an die Gestalt des Teufels.

Während wir in der Figur des Nikolaus jedoch den wundertätigen und deshalb heilig gesprochenen Bischof aus Myra verehren, trägt Knecht Ruprecht bis heute den Hinweis auf die Große Mutter in seinem Namen: Jacob Grimm sah in ihm die Ableitung aus den althochdeutschen Begriff des »hroudperath« (= Ruhm-glänzender) und glaubte darin einen Hinweis auf den germani-schen Wotan zu erkennen. Andere Quellen übersetzen den Namen »*Knecht Ruprecht*« mit »*Diener der Frowe* Percht*«.

Somit sind beide Gabenbringer nichts anderes, als männliche Boten bzw. Begleiter der hohen Percht.

---

*   *Frowe = mittelhochdeutsch für Herrin, adelige Dame*

2.2.1 Knecht Ruprecht

Vor vielen, vielen Jahren war es, als in den dunklen Nächten der zeitlosen Zeit die wilde Jagd mit viel Lärm und Getöse über den mitternächtlichen Himmel zog. Vorne weg ritt der schwarze Jäger mit seinen finsteren Gesellen und inmitten dieser Jagd fuhr ein Wagen, auf dem sie selbst saß, die hohe Frau Percht, die ewige Spinnerin, eingehüllt in einen warmen, blauen Mantel. Über den Rücken herab fiel in dicken Flechten ihr langes, dichtes Haar und in der Hand, da hielt sie – wie zum Segen erhoben – ihren goldenen Spinnrocken.

Mit einem Mal aber geschah es, dass eines der Pferde sein Hufeisen verlor, so blieb dem Reiter nichts anderes übrig, als auf die Erde hinabzufahren, um sich auf die Suche nach einem Hufschmied zu machen.

Lange wanderte er durch kahle, schneeverwehte Lande, bis er schließlich zu einem Waldrand kam. Dort, in einer kleinen, bescheidenen Hütte lebte eine arme Witwe, die mehr schlecht als recht versuchte, sich selbst und ihre drei kleinen Kinder am Leben zu erhalten. Scheune und Speisekammer wiesen nicht viel auf und die alte, magere Ziege mochte kaum etwas Milch geben. Dennoch lud die Frau den Fremden ein, waren ihr doch die Gesetze der Gastfreundschaft heilig – auch, wenn er ihr recht finster erschien, in seinem schwarzen Pelzmantel und dem dunklen, bartverhangenem, von Wind und Wetter gegerbten Gesicht.

Der Fremde ließ sich nicht lange bitten, setzte sich an den Tisch und labte sich an Brot, Milch und Nüssen und allem, was die Frau ihm sonst noch gab, schien er doch nicht zu wissen, dass alles, was er aß, die hungrigen Bäuche der Kinder nicht mehr zu füllen vermochte.

Als er gesättigt war, legte er sich auf der Bank zurück, schloss die Augen und versuchte ein wenig zu schlafen.

Die Witwe aber stellte nun ein kleines Kerzlein auf den Tisch, dessen Licht flackernd durch seine Lider fuhr. Nach seiner langen Nachtwanderung waren die Augen des Fremden empfindlich und er brummte: »Lösch das! Ich kann nicht schlafen!«

»Löschen kann ich es nicht! Es ist das Licht für unsere hohe Frau, damit sie sieht, dass der Winter vergeht und die Sonne wieder scheint.«

Dagegen wagte der Mann nichts zu sagen und so drehte er sich ein wenig auf die Seite. Aber als er gerade wieder anfing zu schnarchen, da erhoben sich plötzlich die zarten Stimmen der Kinder und stimmten ein Lied zur Weihenacht an.

»Seid still!«, verlangte er rau. »Seht ihr nicht, dass ich müde bin?«

»Das sehen wir wohl«, sagte die Frau, obwohl ihr ganz bange war, vor lauter Furcht. »Aber hörst du nicht, dass es ein Lied ist zu Ehren der hohen Frau Percht? Wie fände sie denn den Weg hierher zum Licht, wenn sie die Stimmen der Kinder nicht riefen?«

Da brummte der Schwarze wieder, zog seine Pelzmütze tiefer über die Ohren, aber er sagte nichts.

Bald darauf aber, erhob sich die Frau und öffnete die Türe einen kleinen Spalt, durch den aber sogleich die eisige Winter-

luft strömte und Schneeflocken einen wirbelnden Tanz durch die Stube vollzogen.

»Was fällt dir ein?« Der Fremde fuhr von der Bank auf, »siehst du nicht, dass ich hier liege und friere?«

»Ich sehe es wohl«, meinte die Frau daraufhin. »Aber wie soll die heilige Frau die Stimmen der Kinder denn vernehmen und ihren Weg hierher zum Licht finden, wenn wir ihr die Türen unserer Hütten nicht öffnen?«

Kaum hatte sie das gesagt, da legte sich draußen mit einem Mal der Wind. Totenstill war es für einen Moment geworden, die Wolkendecke riss auf und tausend Sterne glitzerten am Himmel wie unzählige Diamanten. Dann plötzlich erhob sich leiser Glockenklang und in einem hellen, gleißenden Schein aus silbernem Licht, erschien nun eine Frauengestalt, eingehüllt in einen himmelblauen Mantel, das dichte Haar fiel in dicken Flechten über ihren Rücken herab, in der Hand hielt sie eine goldene Spindel.

»Auf einem Haus, in dem man mit Gastfreundschaft, Licht und Gesang meiner gedenkt, soll immer ein besonderer Segen ruhen!«, sprach sie mit sanfter Stimme.

Dann trat sie ein, stellte sich vor den Fremden und fragte nach seinem Namen.

»Ruprecht, Euch zu Diensten, hohe Herrin«, antwortete er und seine Stimme zitterte ein wenig, beim Anblick ihrer Erscheinung.

»Zu Diensten kannst du mir sein!«, sprach sie. »Also höre, was ich dir befehle, mein lieber Knecht: Nicht länger sollst du ein wilder Reiter sein! Bleib hier auf Erden und mach dich in der Winterzeit für mich auf die Suche nach den Guten, nach denen, die singen und ihr Licht spenden in der finsteren Nacht.«

Und so geschah es: Seither zieht in den dunklen Nächten Knecht Ruprecht durch die Lande und beschenkt all jene, die guten Herzens sind mit Äpfel, Nüss und Mandelstern. Diejenigen aber, die besserwisserisch, übellaunig und selbstsüchtig sind, lässt er seine Rute spüren, denn wer einmal ein finsterer Reiter war, der fackelt nicht lange ...

2.3   Die heiligen Mad'l

Geburt und Tod, Werden und Vergehen – alles das konnte nur in einer weiblich-mütterlichen Hand liegen. Die Frauen waren es, die das Leben schenkten, sie nährten, beschützten und begleiteten die ihren von der Geburt bis zum Tod. Deshalb war es für die Menschen früherer Zeiten auch keine Frage, dass die göttliche Macht ebenfalls nur eine weibliche sein konnte.

Diese weibliche Macht fand sich nicht nur in himmlischen Gefilden, sie erschien den Menschen auch im Angesicht der Natur. Als kosmische Trias, die weibliche Dreifaltigkeit, fand man sie in den Tiefen der Brunnen und in den Wurzeln der Bäume. Die weisen Alten saßen dort am Spinnrad der Ewigkeit, und während die Erste der Schicksalsfrauen den Lebensfaden spann, bemaß ihn die Zweite und die Dritte schnitt ihn letztendlich ab. Die Kelten kannten sie als die Drei Bethen[*], die Germanen bezeichnen sie als Nornen, Griechen und Römer nannten sie Moiren bzw. Parzen und in der slawischen Mythologie ist das Wirken der Zorya oder Zorza[**] überliefert. In den alpenländischen Gegenden wurden sie oft auch mit den saligen[***] (=seligen) Frauen in Ver-

---

[*]   *Bethen = keltisch: betho = immerwährend - aber auch: beten bzw. »die Göttin anrufen«*

[**]   *3 Himmels- oder Lichtgöttinnen (lt. manchen Quellen nur 2) benannt nach Morgen-, Abend- und Mitternachtstern*

[***]   *»salig« = keltisch: heilig oder heilend.*

bindung gebracht, die in Felsspalten und Gletscherhöhlen hausten.

Das englische Märchen »Three heads in the well« (Drei Köpfe im Brunnen)[7] erzählt von einer weiblichen Heldenreise in der Art unserer »Frau Holle« (s. Kapitel 4 ab Seite 167):

Ein verwitweter König heiratet eine böse, hässliche Frau, weil sie viel Geld hat. Für die legitime Tochter fängt damit eine Zeit der Erniedrigung und Entrechtung an. Als sie ihr Heimatschloss verlässt, findet sie – nach einigen Abenteuern – zu einem Brunnen, in dem ihr die Köpfe dreier weiser Frauen erscheinen, die sie schließlich nach der Erfüllung, der ihr gestellten Aufgaben mit drei besonderen Gaben bedenken. Nachdem sie ihr Brot mit einem alten Mann teilt, kämmt und wäscht sie die drei Köpfe im Brunnen. Somit beweist sie einerseits ihre soziale Kompetenz und Beziehungsfähigkeit, zeigt aber auch, dass sie in der Lage ist, Ordnung in die Dinge zu bringen, in dem sie die weiblichen Tools nutzt. Ihre Belohnung dafür: Schönheit, eine zauberhafte Stimme und die Liebe des größten Prinzen landauf- und landab. Reich beschenkt und glücklich kehrt sie nachhause zurück, woraufhin ihre Stiefschwester in der Absicht, auch Reichtum und Schönheit zu erlangen, ebenfalls zu dem Brunnen wandert. Da ihre Absichten jedoch nicht lauter sind, erfährt sie für ihren Unwillen entsprechende Strafen (Lepra, eine schrille Stimme und die Ehe mit einem armen Schuhmacher).

Hier zeigt sich der typische Charakter der weisen Frauen, wie er sich auch in unzähligen Märchen unseres Kulturkreises wiederfindet: Wer im Sinne der kosmischen Urkräfte, der natürlichen Kreisläufe, handelt, erfährt Belohnung, wessen Motivation jedoch egoistisch ist, wird bestraft. Der symbolische Hintergrund spiegelt sich auf der psychologischen Ebene – das suchtartige Getriebensein danach, ausschließlich die eigenen Bedürfnisse zu befriedigen, das eigene Leben zu optimieren, führt am Ende zu immer mehr Unzufriedenheit und Unausgeglichenheit. Die drei Köpfe im Brunnen, sind die Erscheinungsformen der drei Bethen, die an die ewig geltenden Gesetzmäßigkeiten des Lebens erinnern.

Die Liste dieser Schicksalsfrauen, die fürsorgend, aber auch strafend das Sein der Menschen begleiten, ließe sich unendlich fortsetzen: Tschechische Sudicki, slowenische Rojenice, rumänische Ursitori, albanische Fati – überliefert und unterschiedlich benannt, in nahezu jedem Kulturkreis.

All diese weisen Frauen symbolisierten die erste und letzte Kraft hinter allen Dingen, den mütterlichen Urgrund und das Wesen allen Seins.

Die weiße, die rote und die schwarze Frau waren, der Überlieferung nach, die keltischen Matronen Borbeth, Ambeth und Wilbeth. Sie wurden als Göttinnen verehrt und gelten als Sinnbild der Mondphasen. Aber auch in der Aufteilung als Sonnen-, Erd- und Mondgöttin finden sie Erwähnung.

Als die Nothelferinnen Margarete, Barbara und Katharina hielten sie schließlich auch in der christlichen Mythologie Einzug, wenn auch - wie üblich - »nur« als leidende Märtyrerinnen:

»Margarete mit dem Wurm,
Barbara mit dem Turm und
Katharina mit dem Radl
das sind die heiligen drei Madl«

Die genannten Attribute (Wurm, Turm und Rad) geben Hinweis auf das von ihnen lt. Legende erlittene Martyrium. Symbolisch betrachtet, zeigt sich hier jedoch die Anbindung an die alten Gottheiten des Matriarchats.

Alle drei gehören zu den sog. »*Virgines Capitales*«, den vier »*vorzüglichen, heiligen Jungfrauen*« innerhalb der 14 Nothelfer[*].

---

[*] *Die vierte Jungfrau der »Virgines Capitales« ist die Hl. Dorothea, Schutzpatronin u.a. der Gärtner und Blumenhändler, wird meist dargestellt mit einem Blumenkranz. Ihr Gedenktag ist der 6. Februar.*

2.3.1 Margarete

Hinter der Heiligen **Margarete** von Antiochia steht die keltische Ambeth. Im Altgriechischen bedeutet ihr Name »die Perle«. Sie ist die Erdmutter, die Ahnin, die Urmutter, die hinter allem steht. Das altirische *A-Nu*[8] steht für die Göttinnen-Mutter und im Lateinischen findet sich das Wort »*Anula*« für Großmütterchen.

»*Nana*« oder »*Nonna*« lauten auch in schweizer bzw. italienischen Sprachregionen die Bezeichnungen für Großmutter.

Bei den Sumerern war es ursprünglich »*Nanaja*«, die Göttin des weiblichen Eros, die später mit der Göttin »*Inanna*« verschmolz.

Aus der nordischen Mythologie ist »*Nanna*« als altnordische Mutter aus dem Geschlecht der Asen überliefert. Und die Künstlerin Niki de Saint Phalle setzte mit ihren übergroßen »*Nanas*« der weiblichen Urkraft erneut ein Denkmal.

Alle heute noch gebräuchlichen Namen mit den Silben »An« oder »Am« (auch in der Umkehrung »Na«/«Ma«) verweisen auf diese Verbindung zur Urmutter. Die Römer verehrten sie u.a. auch in der Gestalt der Anna Perenna, der »ewigen Mutter«. Ähnlich wie Janus, galt sie als doppelköpfige Göttin des Jahreswechsels. Im christlichen Glauben fand sie als Heilige Anna, ihren Platz als Mutter Marias und Großmutter Jesu' und wurde damit zur Ahnin der neuen patriarchalen Religion.

In der Silbe »An« verehren wir unsere Ahnen und somit unsere Herkunft. Auch im keltischen Sprachgebrauch verwies die Silbe »An« oder »Am« (*Am*-Beth) auf die mütterliche Erde oder den göttlichen Urgrund.

Wir finden in der keltischen Ambeth also sowohl die ewige Urmutter »Anna«, als auch die spätere heilige Margarete (die Perle) wieder.

Mit ihrem Attribut des Wurmes weist sie auf uralte weibliche Mysterien hin. Der Wurm oder Drache ist Sinnbild der alten Zeit, des Ur-Chaos, aus dem alles Leben entstanden ist. Das in christlichen Darstellungen immer wieder kehrende Symbol des Sieges über einen Drachen oder Lindwurm (z.B. Hl. Georg, Hl. Michael oder Hl. Magnus) gilt als Signum der Macht einer neuen monotheistischen Religion des männlichen Gottes, welche die alten heidnischen Glaubensvorstellungen des Matriarchats unterjocht.

Ihre Heiligenlegende führt die Darstellung mit einem Lindwurm darauf zurück, dass Margarete während ihres Kerkermartyriums jede Nacht der Teufel in Gestalt eines Drachen erschienen sei. Als christliche Heilige wird sie deshalb u.a. bei Unfruchtbarkeit und »*zum Schutz gegen Unholde aus der Tiefe des Wassers*«(!) angerufen. Sie ist die Patronin der Jungfrauen, Schwangeren und Gebärenden.

2.3.2 Barbara

Barbara von Nikomedien verkörpert den ursprünglichen Aspekt der keltischen Borbeth. Laut altgriechischer Übersetzung heißt dies »die Fremde«. Aber in diesem Namen finden wir auch eine Verbindung zum keltischen »Borm« (= Wärme), sowie zum ebenfalls keltischen Begriff »bor-co«, was mit »leuchtend, strahlend« übersetzt werden kann. Hierin wird also der Bezug zu unserer glänzenden Frau Percht deutlich. Borbeth findet Verehrung als strahlende, mütterliche Sonnengöttin.

In den christlichen Heiligenlegenden wurde aus ihr zunächst Babett und schließlich Barbara.

Als solche wird sie mit einem Turm dargestellt, der nach der christlichen Legende durch ihren Vater Dioscuros erbaut wurde, um sie von der Außenwelt abzuschirmen. Sie gilt deshalb auch als Schutzpatronin u.a. der Architekten, Bauarbeiter, Glöckner und Türmer.

Den beiden Fenstern des Turmes, so wird berichtet, ließ Barbara selbst ein drittes hinzufügen, was die Kirche als Hinweis auf die Heilige Dreifaltigkeit sieht. Die Zahl 3 gibt jedoch weitaus tieferen Aufschluss: Verweist sie doch einerseits auf die Körper-Seele-Geist-Ebenen, andererseits wiederum auf die keltischen Bethen und die mit ihnen verbunden Phasen des Lebens.

Ein weiteres ihrer Attribute, mit dem Margarete mitunter abgebildet wird, ist eine brennende Fackel. Auch hier trennen sich religiöse Überlieferung und alte Symbolik. Während die Heiligenlegende diese Fackel als Zeichen für den plötzlichen Tod des Dioscuros sieht, der lt. Überlieferung durch einen Blitzschlag getötet wurde, kann man dieses Sinnbild jedoch durchaus auch als Symbol für die wärmende, lebensspendende Kraft der Sonne sehen.

Einen weiteren Hinweis auf Lebenskraft und Fruchtbarkeit gibt ein alter Brauch an ihrem Namensfest am 4. Dezember. An diesem Tag werden abgeschnittene Zweige in eine Vase gestellt, die – sollten sie bis Weihnachten frische Triebe oder gar Blüten zeigen – ein fruchtbares neues Jahr versprechen. Aber auch hierfür bietet der kirchliche Mythos eine andere Erklärung: Barbara sollte auf dem Weg zu ihrem Gefängnis mit ihrem Gewand an einem Busch hängen geblieben sein. Als sie den abgebrochenen Zweig in eine Schale mit Wasser legte, erblühte er genau am Tag ihrer Hinrichtung.

In der orthodoxen Kirche gedenkt man der Hl. Barbara übrigens am 17. Dezember, was auch ihren Ursprung als große Mitwintergöttin bekräftigt.

2.3.3 Katharina

In der Heiligen **Katharina** von Alexandrien finden wir die keltische Wilbeth (engl. wheel = Rad) wieder.

»Katharos« = die Reine, so lautet die altgriechische Übersetzung, wird dargestellt mit einem zerbrochenen Rad.

In ihrer Erscheinung als Mondgöttin verkörpert dieses Rad die runde Scheibe des vollen Mondes. Als zerbrochenes Rad verweist es jedoch auch auf die gebrochene Kraft des Sonnenlaufes in der Mitwinterzeit.

Unterschiedliche Quellen berichten davon, dass in der Silbe »Wil« der alte mittelhochdeutsche Begriff für »Zeit« bzw. »Zeitpunkt« enthalten sei. In der alten Göttin Wilbeth wird also auch das Wissen um die Zeit, welches von unseren Ahnen durch die Darstellung der Mondphasen symbolisiert wurde, verehrt. Ebenso vermuten manche Etymologen eine Wortverwandtschaft zum nordischen »hvel« bzw. »jul«, wonach sie in Wilbeth die Göttin der Wintersonnwende sehen.

Katharina/Wilbeth verweist also sowohl durch ihren Namen, als auch durch das ihr zugewiesene Attribut eines zerbrochenen Rades einerseits auf die Mondphasen, andererseits auch auf das kosmische Rad der Sonne, das während der Raunächte zum Stillstand kommt.

Ihre Heiligenlegende berichtet aber, wie üblich, von einem Martyrium, nämlich dass sie auf ein mit Messern bestücktes Rad geflochten wurde, um dem christlichen Glauben abzuschwören. Auf ihr Gebet hin erschien jedoch ein Engel, der das Rad zerbrach.

Obwohl es keine historischen Nachweise über ihre tatsächliche Existenz gibt, gilt sie als eine der bedeutendsten christlichen Heiligen und wird ebenfalls sowohl in der katholischen als auch in der orthodoxen Kirche als Märtyrerin verehrt. Sie ist Schutzpatronin der philosophischen Fakultäten, der Schulen, sowie der SchneiderInnen.

Ihr Namensfest jedoch markiert den eigentlichen Beginn der »staaden Zeit«. Mit dem 25. November wurde früher in ländlichen Gegenden ein letzter Kathreinstanz veranstaltet, nach dem jedes Tanzvergnügen bis zum Ende der Raunachtszeit eingestellt wurde, denn auch das Drehen im Tanz galt als Symbol für die lebensspendenden Sonne, das sich damit ewig drehende Rad des Lebens und seinen geschwächten Lauf im Jahreskreis. Und da wir Menschen Teil des kosmischen Kreislaufes sind, darf sich ab nun kein irdisches Rad mehr drehen. Wie oben so unten. »*St. Kathrein stellt den Tanz ein*«, verrät ein altes Sprichwort und zeigt damit, dass die Anpassung an die Gebote der dunklen Zeit früher sogar noch weit länger währte, als nur die Zeit der Raunächte.

Mit dem Kathreinstag begann die Zeit der Wintermärkte, an denen man sich mit wichtigen Haushaltsutensilien und Lebensmitteln für die Winterzeit eindecken konnte. Aus ihnen ist unsere heutige Tradition der unzähligen Weihnachtsmärkte entstanden. Dieser Tag galt als bestimmender Lostag im Bauernjahr und er war ein wichtiger Tag der Frauen, galt Katharina doch auch als Schutzpatronin heiratsfähiger junger Mädchen.

Nun begannen auch die ersten Vorbereitungen für das nahende Weihnachtsfest bzw. die Wintersonnwende: Die ersten Weihnachtsplätzchen wurden gebacken und erinnerten in ihrer runden Form an die Sonne bzw. den Mond und seine, an die immerwährenden Lebensprozesse mahnenden, wechselnden Phasen.

Zeiten des Übergangs, des Wandels und der Veränderung sind immer gefährliche Zeiten – für den Menschen, aber auch für die Natur. Wir wissen nicht, wie wir das Alte hinter uns lassen und was das Neue bringen mag. Die Stunde vor Sonnenaufgang ist immer die dunkelste. Die Herausforderungen des vergangenen Jahres haben ihre Spuren hinterlassen. Wenn die Sonne in ihrem Tageslauf geschwächt ist, darf sich jetzt auch kein irdisches Rad drehen, um diese Schwäche nicht noch mehr zu forcieren. Alle Räder stehen still. Und das Rad versinnbildlicht noch mehr: Es ist das kosmische Spinnrad, das Rad des Schicksals schlechthin, an ihm werden die Lebensfäden gesponnen und den Lauf eines solchen Rades zu stören, würde bedeuten, alles Leben zu gefährden. Dieses kosmische Rad symbolisiert, wie das Schicksalsrad im Tarot, den ewigen Kreislauf der Dinge, den Rhythmus von Werden und Vergehen. Es geht also um die Erkenntnis, dass wir untrennbar an den ewigen Lauf dieses Rades gebunden sind.

Wie wichtig dabei die Zuflucht der Menschen zu dieser weiblichen Urmacht geblieben ist, zeigt sich in einem Frauenlied aus dem Jahre 1989[9]:

Sie hat lang gewartet,
Hat gewartet so lang,
Wartete bis ihren Töchtern
Die Erinnerung wieder kam

Gesegnet sei's, gesegnet sei
Der Tanz im Kreis zusammen.
Gesegnet sei's, gesegnet sei
Der Tanz im Mondenschein.

Gesegnet sei's, gesegnet sei
Die Schwarze, die Rote, die Weiße,
Gesegnet sei's, gesegnet sei
Zusammen und allein

Katharina, Margarete und Barbara gelten manchen Matriarchatsforschern auch als die weiblichen Vorgänger der Heiligen Drei Könige. Nicht zufällig, so wird behauptet, finden sich ihre Initialen K + M + B in den Namen Kaspar, Melchior und Balthasar wieder.

Erst seit dem 9. Jahrhundert sollen die weiblichen durch die männlichen Vornamen ersetzt worden sein. Demnach würde auch die Beschriftung der Haustüren mit den entsprechenden Anfangsbuchstaben nicht auf die – übrigens ebenfalls nicht in der Bibel oder anderen Quellen erwähnten – Weisen aus dem Morgenland hinweisen und auch nicht auf die heute gültige Bedeutung: K (Christus) – M (mansionem) – B (benedikat) = »Christus segne dieses Haus«. Ihre erste Erwähnung als Heilige Drei Könige finden sie erst im 4. Jahrhundert.

Interessanterweise gilt jedoch dieser letzte Tag bzw. die letzte Nacht vor diesem Feiertag als jene Raunacht, die als »Nacht der Percht« bezeichnet wird.

2.4   Berta, die Glänzende

Berta von Bingen ist eine der selten beachteten weiblichen Heiligen, von der im Grunde nur die Schriften[*] der Hildegard von Bingen berichten. Sie war es, die an der Gedenkstätte und Begräbniskapelle der Heiligen Berta im Jahre 1151 ihr Kloster errichtete. Andere Quellen über ihr Wirken scheint es nicht zu geben.

Erwähnung unter den bisher genannten Winterheiligen sollte sie dennoch finden, verweist hier nicht nur ihr Name (Berta = althochdeutsch: Die Glänzende), sondern auch der Name des Ortes an dem sie lebte und nach ihrem Tod bestattet wurde, auf eine Verbindung mit der alten Perchta.

Ihre Legende berichtet, dass *Berta* im 7. Jahrhundert als Tochter eines lothringischen Fürsten und einer »*Mutter aus fernen Landen*« (Mond/Neptun) geboren wurde. Aus einer Zwangsverheiratung mit einem heidnischen Fürsten entstammte ein Sohn, der »Ru*pert*« genannt wurde[**].

Nachdem ihr Mann in einer Schlacht gegen die Christen gefallen war, zog sie zusammen mit Rupert auf den heutigen Rupertsberg, um dort eine Kirche zu errichten und ihren Sohn mit Hilfe des als heilig verehrten Priesters Wig*bert* im göttlichen

---

[*]   »*Vita Santi Ruperti*« Hildegard von Bingen

[**]   *Wie bereits erwähnt, verweisen die Silben »pert«, »bert«, »precht« oder »brecht« (= hell, glänzend) auf die ursprüngliche Namensbedeutung der heiligen Perchta.*

Sinne zu erziehen. Nach dem frühen Tod ihres Sohnes in dessen 20. Lebensjahr verbrachte sie ihr weiteres Leben in christlicher Nächstenliebe, *»in Fasten und Almosengebend«*.

Mit ihrer Vita belebte Hildegard von Bingen den Berta-Kult, der schon in Vergessenheit geraten war, wieder.

Die sterblichen Überreste Bertas und die ihres Sohnes Rupert wurden in der Kapelle auf dem Rupertsberg beigesetzt, welche daraufhin zum Pilgerort wurde. Nach der Zerstörung des Klosters wurden die Reliquien der Heiligen nach Eibingen im Rheingau in die Hildegardskirche verbracht. Bertas Haupt befindet sich heute noch in Eibingen und gehört zu dem von Hildegard von Bingen zusammengetragenen Eibinger Reliquienschatz. Weitere Reliquien wurden wieder zurück auf den Rupertsberg verbracht.

Bis in die Mitte des 20. Jahrhunderts galten Berta und ihr Sohn Rupert als hochverehrte Heilige der christlichen Tradition.

Ihr Gedenktag am 28. November fällt ebenfalls bereits in die dunkle Zeit und wird drei Tage nach dem Katharinentag begangen.

2.5 Lucia, die Lichterfrau

Auch, wenn die eigentlichen Raunächte nach unserer heutigen Kalenderrechnung erst mit der Wintersonnwende am 21. Dezember beginnen, darf eine ihrer wichtigen Erscheinungen nicht fehlen: Die heilige Lucia (= die *Lichte, Leuchtende*). Ihr Gedenktag wird in der christlichen Tradition am 13. Dezember begangen – und genau das weist auf ihren Ursprung als Göttin der Wintersonnwende hin. Mit der gregorianischen Kalenderreform verschob sich Mitwinter, also die längste Nacht des Jahres, um 11 Tage. Die ursprüngliche Zeitrechnung nach Mondphasen geriet mehr und mehr in Vergessenheit. In früherer Zeit jedoch wurde die Wintersonnwende mit der Heiligen Lucia in Verbindung gebracht, da sie in der längsten Nacht des Jahres erschien. Diesen Hinweis auf den ursprünglichen Zeitpunkt finden wir auch in der alten Bauernregel:

> *»An Barnabas die Sonne weicht -*
> *An Lucia sie wieder heran sich schleicht.«*[*]

Als Lichterfrau, aber auch in ihrer Doppelgesichtigkeit, zeigt sich das Wirken der römischen Götter des Jahreswechsels und das der Percht.

---

[*] *Der Gedenktag des Hl. Barnabas wird heute am 11. Juni begangen – diese Regel bezieht sich deshalb vermutlich auf die ursprünglichen Zeitpunkte von Mitsommer und Mitwinter nach den Mondphasen berechnet.*

Als Perchtenmaske dargestellt zeigt sie traditionell ein helles und schönes Antlitz und – wie auch der römische Gott Janus und die Göttin Anna Perenna – eine dämonische Fratze von Untergang und Verderbnis.

Lucia erinnert also an die hohe Frau Percht und tatsächlich wird sie auch von einigen Matriarchatsforschern als eine ihrer Erscheinungsformen betrachtet. Sie, die »Leuchtende«, wie ihr Name sagt, steht in enger Verbindung zur »glänzenden«, »prächtigen« Percht. Deshalb wird ihr Gedenktag mancherorts auch als eine der Raunächte bezeichnet. Ihre Darstellung ist immer licht und düster zugleich. Mit zunehmender Christianisierung und der Trennung von Gut und Böse, hell und dunkel, Gott und Teufel, wurden diese scheinbar widersprüchlichen Attribute zu unvereinbaren Gegensätzen, die nicht mehr mit einer spirituellen Personifizierung in Einklang gebracht werden konnte. Der dunkle Aspekt des Lebens wurde dämonisiert und abgespalten, der helle zur Heiligkeit erhoben.

Deshalb weist auch die christliche Lucia ausschließlich die positiven Eigenschaften als lichte Jungfrau auf. Sie kündet vom Ende der Dunkelheit und führt ins Licht.

Als diese unbefleckte Lichtbringerin wird sie heute noch in Skandinavien und Italien gefeiert. Sie gilt zusammen mit Barbara (4. Dezember) und Odilia (13. Dezember) als eine der Lichtheiligen der Adventszeit.

Vielerorts hatte und hat sich jedoch bis heute die heilige Lucia ihren Ruf als doppelgesichtige Erscheinung der alten Percht bewahrt – sehr zum Leidwesen der Kirche.

An ihrem Gedenktag, so hieß es in mittelalterlichen kirchlichen Schriften, *»lieset man von Teufeln und Gespenstern am Tage oder Fest Luciens«*.

Lucia galt auch als die Zukunftswissende, weshalb an ihrem Festtag Orakel befragt und Verträge geschlossen wurden. An ihrem Tag, so sagte man, würden sich die Hexen eines Ortes offenbaren. In vielen Gegenden Niederbayerns und der Oberpfalz erschien sie als die *»bluadige Luz' mit dem Messer«*. Sie erschreckte die Kinder und drohte, ihnen die Bäuche aufzuschlitzen.

Mancherorts bedrohte sie schlampige Mägde und unfolgsame Kinder. Lügnern schnitt sie die Zunge ab. Sie wurde als »Butzenlutz«, »Pudelmutter«, »Lucienbraut«, »Luzzibrut« oder »Lutzelfrau« bezeichnet. In einigen Regionen Österreichs erschien sie als Begleiterin des Hl. Nikolaus als »Budelfrau«. In Perchtenpässen trug sie die Maske der »Schnabelpercht«. Vielfältig also sind ihre im Volksglauben erhalten gebliebenen Namen und Erscheinungsformen.

Als Schicksalsfrau machte sie dabei keinen Unterschied zwischen gut und böse.

Diese Blutrünstigkeit spiegelt sich auch darin, dass ihr Tag einst der Tag des Winterschlachtens war. Mit der kalendarischen Festlegung der Wintersonnwende auf den 21. Dezember wurde auch der Brauch des Schlachtens der Mettensau auf den Thomastag verlegt.

In Osteuropa galt Lucia als Inbegriff eines bösen Geistes, während sie in Mitteleuropa als eine der wichtigsten Heiligen verehrt wurde. Bis zum 16. Jahrhundert war es üblich, den Kindern die Geschenke, die es heute an heilig Abend gibt, bereits am Luciatag zu überreichen.

Die bekannten Darstellungen zeigen Lucia in einem weißen Kleid und mit einem immergrünen Kranz mit brennenden Kerzen auf dem Haupte. Häufig trägt sie als Hinweis auf ihr Martyrium eine Schale mit ihren beiden Augäpfeln darin. Die Legende berichtet, dass sie einst konvertierte Christen, die sich in den düsteren Katakomben unterhalb der Stadt verborgen hielten, mit Essen versorgte. Um die Hände für die Körbe frei zu behalten, trug sie auf dem Haupt eine Krone mit brennenden Kerzen.

In der christlichen Tradition gilt sie u.a. als Schutzpatronin der Armen und Blinden, der reuigen Dirnen, Glaser, Sattler, Weber, Hausierer, Schreiber, Torhüter, Notare und Anwälte. Sie wird angerufen bei Augenleiden, Blindheit (zusammen mit Barbara und Odilia), Halsschmerzen, Blutfluss und allen Kinderkrankheiten.

2.6   Odilia, Schutzpatronin der Blinden

Neben Lucia wird am 13. Dezember einer weiteren christlichen Märtyrerin gedacht, die ebenfalls in enger Verbindung mit den Lichterheiligen der Wintersonnwende steht.

Odilia, Tochter des Herzogs von Elsass - so die Legende – kam im Jahre 660 blind zur Welt. Da dies als Schande galt, beschloss der Vater, den Säugling töten zu lassen. Ihre Mutter versteckte Odilia jedoch in einem Kloster. Als sie in ihrem 12. Lebensjahr die Taufe durch den Bischof erhalten sollte, erfuhr sie eine spontane Heilung im selben Augenblick, in dem das Weihwasser ihre Augenlider benetzte. Odilia weihte daraufhin ihr Leben Gott und gründete Ende des 7. Jahrhunderts ein Frauenkloster in den Vogesen. Zeit ihres Lebens war sie also auch eine Hüterin und Beschützerin der Frauen.

Als ihren Todestag nennt die christliche Überlieferung den 13. Dezember 720, den Tag, an dem auch der lichterheiligen Lucia gedacht wird. Odilia wurde in der Grabkapelle ihres, bis heute erhaltenen Klosters beigesetzt. Reliquien befinden sich in verschiedenen Städten u.a. Verona, Lissabon und Prag.

Da sie selbst durch ein göttliches Wunder von ihrer Blindheit geheilt wurde, gilt Odilia als Schutzpatronin der Sehbehinderten und Blinden. In ihren Abbildungen wird sie meist mit einem Buch und – genau wie Lucia - einer Schale mit zwei Augäpfel darin dargestellt.

So verweist auch hier nicht nur ihre Rolle als Beschützerin der Frauen, sondern auch die Symbolik der Augen auf die alten vorchristlichen Lichterheiligen. Augen sind die Fenster der Seele. Wir sprechen vom »Augen*licht*«. Blindheit in Geschichten, Märchen und Legenden ist oft ein Sinnbild für den Aufruf bzw. die Notwendigkeit zur Innenschau, zum Rückzug von den Ablenkungen der irdischen Welt. Sie symbolisiert somit auch das Ausgeliefertsein an die allumfassende Dunkelheit, wie sie während der finsteren Winternächte herrscht.

Aber auch eine weitere Legende bringt Odilia in Verbindung mit den weisen Frauen der vorchristlichen Zeit. Wie die Legende berichtet, ließ Odilia einst drei Gruben – angeblich im Namen des Vaters, des Sohnes und des Hl. Geistes – graben, in die sie eigenhändig die Zweige einer Linde setzte. Alle drei Zweige schlugen zu prächtigen Lindenbäumen aus, die - so die Überlieferung – bis zum heutigen Tag erhalten blieben.

Die Linde gilt jedoch seit Alters her als der Baum der Großen Mutter. Sie steht für Heimat, Liebe und Mütterlichkeit und wird in der Astrologie dem Mond zugeordnet. Die Linde ist der Baum der Freya und damit der Percht. Unter ihr erfahren wir den mütterlichen Segen. Im Märchen »Der Froschkönig«[10] sucht die mutterlose Märchenheldin eine Linde auf, *»wenn der Tag recht* *heiß war*« und »*setzte sich an den Rand eines kühlen Brunnens*«. Auch sie sucht also den mütterlichen Schutz im Reich der weisen Alten.

Unsere Ahnen pflanzten die Linde in die Mitte ihrer Dörfer, da sie der Baum der Gerechtigkeit war, unter dem Gericht gehalten wurde. Denn die Linde, so sagte man, würde »*die Wahrheit an das Licht des Tages bringen.*«

Die drei Lindenzweige bzw. -bäume scheinen hier also nicht eine patriarchale Dreifaltigkeit zu ehren, sondern eher ein Symbol für die dreigeteilte weibliche Macht der Bethen zu sein, die an den Wurzeln der Bäume an den Schicksalsfäden der Menschen spinnen.

Der Name Odilia leitet sich übrigens vom althochdeutschen »ot« ab und bedeutet: »*Erbe*« oder »*ererbter Besitz*«. Wen würde es also wundern, wenn dieser Name auf das Erbe der allgültigen, weiblichen Urkraft verwiese?

2. Götter, Dämonen und Heilige

2.7 Thomas, der Zweifler

In der jetzt gültigen Mitwinternacht am 21. Dezember wurden auf den Bauernhöfen in Böhmen, Österreich und Bayern sogenannte »Durchspinn-Nächte« abgehalten. In der längsten Nacht des Jahres trafen sich die Frauen des Dorfes und noch einmal durfte gesponnen werden, ehe die Räder bis zum Ende der Raunächte, ebenso, wie das große Himmelsrad, still stehen mussten.

Nach unserer jetzigen Kalenderrechnung gilt diese Nacht, die in der christlichen Tradition ursprünglich dem Heiligen Thomas[*] gewidmet war, als erste Raunacht.

Der Tag der Wintersonnwende, den wir heute am 21. Dezember begehen, markierte aber nach vorkalendarischer Zeitrechnung den Höhepunkt der Raunächte. Mit dem Sonneningress in das Zeichen des Steinbocks gewann der Tag wieder an Kraft. Der tiefste und dunkelste Punkt des Winters war überwunden.

Auch hier zeigt sich, dass der ursprünglich namensgebende Patron für diesen Tag nicht zufällig gewählt war. Hinter der Figur des Apostels Thomas taucht bei genauerer Betrachtung ein alter nordischer Gott auf. Den entscheidenden Hinweis darauf gibt -

---

[*] *In der evangelischen Kirche gilt der 21. Dezember nach wie vor als Gedenktag an den Apostel Thomas. Die katholische Kirche hat dieses Namensfest nach der Liturgiereform 1970 auf den 3. Juli verlegt.*

wie so oft – die bayerische Sprache. Thomas wird hier mundartlich »Dammerl« genannt und viele alte Sagen und Erzählungen berichten vom »Dammerl mit dem Hammerl«. Dem Volksglauben nach zog in dieser Nacht der jenseitige Dammerl durch die Straßen der Dörfer und schlug mit seinem Hammer all jenen Männern auf den Kopf, die gewalttätig zu ihren Frauen und Kindern waren.

Aber hinter dem »Dammerl mit dem Hammerl« steht auch der nordischen Gott Donar oder Thor, der dem Mythos nach in der Mitwinternacht in die Tiefe der Welt hinabstieg, um mit einem Hammerschlag die Erde wieder zum Leben zu erwecken. Er galt als »Spalter des Jahres und der Zeit«. Sein Doppelhammer (Doppelaxt) gilt als Symbol für die Sonne, die nun wieder zu neuer Kraft findet[11].

Laut christlicher Überlieferung galt der heilige Thomas als der Zweifler unter den Anhängern Jesu, da er erst von dessen Auferstehung überzeugt werden konnte, nachdem er die Finger in seine Seitenwunde legen durfte. Auch Maria trug der Überlieferung nach diesen Zweifeln Rechnung, indem sie ihm, nachdem er bei ihrer Himmelfahrt nicht anwesend war, zum Beweis ihren Gürtel hinab warf. Dieser quälende Widerstreit und das mangelnde Vertrauen - also die geistige Dunkelheit - spiegeln sich symbolisch in der langen Dunkelheit der Mitwinternacht. Sein Name leitet sich ab vom aramäischen »*ta'am*« ., was »gepaart«

oder »Zwilling« bedeutet – auch dies mag ein Hinweis auf die innere Zerrissenheit, aber auch auf die Doppelgesichtigkeit der überlieferten Winterheiligen sein.

Thomas gilt als Schutzpatron der Architekten, Bau- und Zimmerleute und – aufgrund seiner Zweifel – der Theologen.

Die Thomasnacht, als längste Nacht des Jahres wurde mit vielen Glaubensvorstellungen und Bräuchen in Verbindung gebracht. Sie gilt, wie auch die letzte vom 5. auf den 6. Januar, als eine der wichtigsten Raunächte.

Wenn die längste Nacht des Jahres unbeschadet überstanden war, gewann der Tag wieder an Kraft. Ab dem Thomastag wächst der Tag, so sagt man, »um einen Hahnenschrei«.

Gerade für ledige Frauen galt die Thomasnacht als die Orakelnacht schlechthin, um Hinweise auf einen Liebsten zu erhalten, dessen Erscheinen man fürs neue Jahr erhoffte.

»Betschemel i tritt di!
Heiliger Thomas, i bitt di!
Lass zu sehen sein,
den Herzallerliebsten mein –
in dieser hochheiligen Nacht.«

lautete das Gebet der Jungfrauen.

Noch mehr Einsichten versprach es, sich nackt in seiner sauber geputzten Kammer auf einen Schemel zu stellen, um dann draußen vor dem Fenster den künftigen Ehemann vorbeigehen zu sehen. Und einen Hinweis auf seinen Namen erhielt eine junge Frau, wenn es ihr gelang, einen Apfel so zu schälen, dass die Schale in einem Stück abgezogen, hinter die linke Schulter geworfen, die Umrisse des Anfangsbuchstabens des Vornamens des zukünftigen Verlobten zeigte.

2.7.1 *Thomasnacht* [12]

Leni, die von ihren Eltern auf den schönen Namen Helena getauft war, hatte ein freundliches Wesen, war fröhlich und trotzdem sie gut gewachsen und recht hübsch anzusehen war, schienen die Liebesgöttin oder auch die Heiligen – je nachdem wie man es betrachten wollte – dem Mädchen nicht hold zu sein.

Sie zählte schon an die 20 Jahre und noch immer hatte keiner der heiratsfähigen Männer in der Umgebung bei ihrem Vater vorgesprochen wegen einer Heirat.

Darüber war die junge Frau recht traurig, besonders weil all ihre Freundinnen, die Nachbarstöchter nach und nach zum Traualtar geführt wurden - nur sie nicht. Sollte sie als alte Jungfer enden? Sollte es ihr nicht beschieden sein, eigene Kinder und einst sogar Enkel zu bekommen? Es lastete schwer auf ihr – besonders, wenn sie mitbekam, dass ihre Eltern immer wieder einmal, wenn sie glaubten, Leni läge schon längst schlafend in ihrer Kammer, sich leise murmelnd darüber unterhielten, was sie denn falsch gemacht hätten, mit dem Mädchen. Oder wenn die Verwandten sie fragten: »Na, hast jetzt immer noch keinen? Bist dir wohl für alle zu gut oder zu fein?« Aber Leni war sich nicht zu gut oder zu fein, ganz im Gegenteil. Mit jedem Jahr, das vorüberging, war sie bereit mehr Abstriche am schönen Traum von einem Bräutigam zu machen. Aber was nutzten die ganzen Zugeständnisse, wenn doch überhaupt niemand da war, bei dem sie überhaupt ein Auge hätte zudrücken müssen?

Wenn Leni, hübsch angezogen und zurechtgemacht, auf einen Jahrmarkt oder ein Tanzfest ging, kam sich vor, als trüge sie eine Tarnkappe.

Keiner der Kerle würdigte sie auch nur eines Blickes. Es war zum Weinen. Ungezählte Wallfahrten hatte sie schon unternommen und dem Hl. Valentin Unmengen von Kerzen gestiftet. Aber der Himmel mochte einfach kein Einsehen mit dem armen Mädchen zeigen.

So beschloss Leni schließlich, ihr Schicksal selbst in die Hand zu nehmen, und fasste einen Plan. Am Rande ihres Heimatortes, ein wenig außerhalb der efeubewachsenen Stadtmauer lebte eine alte Frau, die in dem Ruf stand, sich auf allerlei Zaubereien und Hexenwissen zu verstehen. Zu ihr ging man, wenn einem das Zipperlein plagte oder wenn man glaubte, jemand hätte den bösen Blick auf einen geworfen. Natürlich tat dies niemand aus der Stadt und dem umliegenden Land bei Tag. Wer wollte sich schon nachsagen lassen, er wäre abergläubisch? Aber, unerkannt im Schutz der Dunkelheit, ganz heimlich und verdruckt, da schlichen die Leute mit ihren Sorgen und Nöten hin zu der Alten und die wusste immer einen Rat.

Und so ging auch Leni eines Tages zu ihr. Es war spät im Jahr, die Novembernebel zogen weiß und schwer über das Land, schwarze Bäume, mit kahlen Ästen standen am Wegesrand und sahen aus, wie zornige Männer. Wieder einmal neigte sich ein Jahr seinem Ende zu, in dem kein Verlobungsring an ihrer Hand glitzerte. Sie war verzweifelt. Lange hatte sie überlegt, hatte sich gequält, ob sie diesen Schritt wagen sollte. Aber jetzt stand sie vor der alten, schon etwas verfallenen Hütte und klopfte zaghaft an.

»Herein, wenn's nicht der Teufel ist«, erklang eine gebrochene Stimme von drinnen. Ganz vorsichtig stieß Leni die knarzende Türe auf und trat ein. Nachdem ihre Augen sich an das im inneren herrschende Zwielicht gewöhnt hatten, sah sie sich um.

Die Stube war ärmlich und karg eingerichtet. In der Mitte stand ein alter Holztisch mit unzähligen Scharten und Flecken darauf, daneben zwei wackelige Stühle, denen man kaum mehr zutraute, das Gewicht einer erwachsenen Person tragen zu können. Drüben an der Wand befand sich eine kleine Bettstatt, bedeckt mit einer dünnen, zerschlissenen Decke, die der feuchten Herbstkälte bestimmt nicht mehr standhalten konnte. Die Wände rundherum waren schwarz von Ruß und überall hingen getrocknete Kräuter kopfüber an langen Schnüren von der dunklen, tiefen Holzdecke herab.

Vor einer offenen Feuerstelle stand die Alte und rührte mit einem Kochlöffel in einem Topf, in dem eine zähflüssige, graubraune Brühe köchelte. Ab und an spritzen Blasen auf aus der breiigen Masse und ein leicht säuerlicher Geruch stieg von ihr auf. Leni musste ein wenig schlucken. Es graute ihr allein bei dem Gedanken, dass vielleicht auch die Medizin, die sie sich erhoffte, aus diesem Kessel stammen mochte.

»Na mein Kind«, krähte die Alte, »wer hat dir denn dein Herzerl gebrochen?«

Leni seufzte, »Niemand ... das ist es ja ... kein Kerl schaut mich an ... ich ... äh ...« Jetzt fing sie auch noch an zu stottern, ihre Knie schlotterten und ein dicker Kloß steckte in ihrem Hals. Mit einem Mal rannen dicke Tränen über ihre Wangen herab und sie wurde von solch heftigen Weinkrämpfen geschüttelt, wie noch niemals zuvor. All der Schmerz und all der Kummer, den sie jahrein-jahraus mit sich herumtrug, die Schmach, die sie vor den Leuten verbarg und niemandem zeigte, über die sie mit keiner Menschenseele reden konnte, bahnte sich jetzt einen Weg und sie weinte so sehr, dass sie glaubte, gar nicht mehr aufhören zu können.

»Ist ja schon gut! Wein' nur ...«, sagte die Alte ganz sanft. »Lass es einfach raus!«

Als Leni sich endlich beruhigt hatte und vor ihr stand, mit roten Augen und dick geschwollenen Lidern, da fasste die Alte mit ihrer einen Hand die heiße, schweißfeuchte Hand des Mädchens und die andere legte sie der Jungen auf das Herz, dann schloss sie die Augen.

»Ja, ja, ich versteh schon«, murmelte sie, »das tut weh. Aber weißt du, das ist wie ein Fluch, ein böser Zauber, gegen den müssen wir erst angehen. Dann wird's auch was mit einem Burschen, glaub' mir!«

Als Leni nach einer Stunde die Hütte verließ, baumelte um ihren Hals ein kleines Leinensäckchen mit getrockneten Kräutern darin.

»Nimm das ja nicht ab! Hörst du?«, hatte die Alte ihr aufgetragen. »Du musst es behalten bis zum nächsten Neumond, Tag und Nacht. Nimm ein Bild von deiner Großmutter. Du

hast doch eines? Das musst du auch bei dir tragen, ganz nah am Herzen. Jeden Tag vor Sonnenaufgang gehst du hinaus zum Fluss und sprichst mit ihr, mit deiner Großmutter. Sag ihr alles, was du auf der Seele hast. Dann nimmst du einen Stein und wirfst ihn nach hinten ins Wasser. Du darfst dich nicht mehr umdrehen, wenn du gehst. Wenn die Mondsichel wieder zunimmt, dann kommst du wieder her und wir sehen weiter. Und zu niemandem ein Sterbenswörtchen, vergiss das nicht!«

In dieser Nacht fand Leni keinen Schlaf. Hinter ihren geschlossenen Lidern tanzte das alte, runzelige Gesicht der Kräuterhexe. Sie schwitzte und fror zugleich. Unruhig wälzte sie sich hin und her. Gleich nachdem sie nach Hause gekommen war, hatte sie heimlich unten in der Stube aus dem Album in der Schublade der hölzernen Anrichte eine Fotografie ihrer Großmutter genommen. Sie zeigte die Frau, die schon gestorben war, als Leni noch ein kleines Mädchen gewesen war, selbst noch als junge Frau. Stolz sah sie aus in ihrem weißen Gewand mit hochstehendem Kragen. Das krause schwarze Haar war hochgesteckt. Auf ihren Lippen lag ein sanftes Lächeln und ihr Blick schimmerte dunkel und geheimnisvoll.

Jetzt trug Leni das sepiafarbene Bild Tag und Nacht unter dem Hemd und es klebte juckend auf ihrer schweißnassen Haut. Stunde um Stunde hörte sie die Glockenschläge vom nahen Kirchturm herüber und sie kam nicht zur Ruhe.

Endlich näherte sich die lange Nacht ihrem Ende. Lautlos erhob sich die junge Frau, zog sich an, nahm ein warmes Wolltuch und machte sich auf den Weg hinunter zum Fluss.

Erst kam sie sich selbst ein wenig seltsam vor, wie sie das Bild aus dem Ausschnitt nahm, es lange ansah und versuchte auch nur einen klaren Gedanken zu fassen, den sie der längst Verstorbenen erzählen konnte. Aber mit der Zeit, da fiel es ihr immer leichter und leichter. Die Worte purzelten nur so hervor und sie erzählte ihr alles, was sie bedrückte. Nachdem sie ihr Herz endlich erleichtert hatte, hob sie einen runden, grauen Kieselstein auf, warf ihn über ihre Schulter zurück in die Fluten des Flusses und verließ, ohne sich noch einmal umzusehen, das Ufer.

Genauso wiederholte sie dieses Ritual von nun an jeden Morgen. Und als schließlich ein Monat vorüber war, da fühlte sie fast so etwas wie Bedauern darüber, dass die Zeit der geheimen Zwiesprache mit ihrer Großmutter nun schon vorbei sein sollte.

»Das hast du gut gemacht!«, sagte die Alte, als Leni ihr berichtete. »Aber jetzt pass' auf! Jetzt wollen wir mal schauen, ob's was wird mit deinem Liebsten im kommenden Jahr. In drei Tagen ist Thomasnacht. Du weißt, das ist eine wichtige Losnacht. Also hör mir zu: Am Abend, bevor du schlafen gehst, schälst du dir einen Apfel. Du musst aufpassen, dass du die Schale in einem Stück abziehst! Sie darf dir nicht reißen. Dann legst du sie vorsichtig unter dein Kopfkissen. Wenn du aufwachst, am anderen Morgen, schaust du, welche Buch-

stabenform sie hat. Das ist der Anfangsbuchstabe vom Vornamen deines Liebsten.

Das ist aber noch nicht alles. Hör zu: In den Raunächten zwischen Weihnachten und heilig drei König offenbart sich in unseren Träumen das Schicksal des neuen Jahres. Jede Nacht steht für einen der kommenden Monate. Also, merk dir deine Träume recht gut, damit du dann auch weißt, wann er dir begegnet, dein Bräutigam!«

Leni konnte es kaum erwarten, bis es soweit war. Endlich war der Tag der Wintersonnwende angebrochen. Spät am Abend, als im Haus schon alles schlief, schlich sie ganz leise auf Zehenspitzen in die Küche hinunter, um sich einen Apfel aus der irdenen Schale zu nehmen, die auf dem großen Holztisch stand. Dann holte sie ein Messer aus der Schublade des Küchenkastens und ging wieder hinauf in ihre Kammer.

Ganz vorsichtig schälte sie dort den Apfel, achtete sehr genau darauf, dass die Schale nicht riss, und legte sie dann unter ihr Kopfkissen.

Obwohl sie gar nicht damit gerechnet hatte, schlief sie die ganze Nacht hindurch tief und traumlos, bis zum nächsten Morgen. Kaum war sie erwacht, hob sie vorsichtig und mit klopfendem Herzen das Kissen an. Die Apfelschale lag noch darunter, aber sie wirkte wie aufgebrochen, als hätte sie jemand zerrissen und dann wieder zu einem zittrigen »W« zusammengefügt. »W?«, dachte Leni, »was mag das bedeuten? Wolfgang oder Walter?« Sie kam nicht dazu, den Gedanken weiter zu spinnen, denn in diesem Moment erschien es ihr, als würde die Apfelschale vor ihren Augen in Windes-

eile verfaulen. Sie wurde ganz braun und rollte sich ein. Das Mädchen blinzelte, schüttelte den Kopf und da war der ganze Spuk auch schon vorbei. Auf ihrem Laken lag nichts weiter, als eine vertrocknete Apfelschale, die nicht im entferntesten eine Ähnlichkeit mit irgendeinem Buchstaben hatte.

Leni war völlig durcheinander. Sollte sie sich so getäuscht haben? Aber sie hatte doch dieses »W« ganz deutlich gesehen und wenn es das jetzt gar nicht gab, hieß das dann, dass sie im neuen Jahr wieder keinen Mann finden würde?

Den ganzen Tag war Leni hin und hergerissen zwischen Hoffnung und Angst. Hoffnung darauf, ihr Glück möge sich erfüllen, und Angst davor, allein zu bleiben. Und nicht nur das: Wenn ihre Augen ihr einen solchen Streich gespielt hatten heute Morgen, hieß das, sie war dabei, ihren Verstand zu verlieren?

In den folgenden Raunächten ging Leni jeden Abend voll Bangen ins Bett und am anderen Morgen wachte sie höchst erstaunt darüber auf, wie tief sie doch geschlafen hatte: Tief und traumlos und so ging das fort, Nacht für Nacht. Obwohl sie tagsüber unruhig und ängstlich war, jede Minute an das Orakel denken musste, sank sie des Abends müde und erschöpft auf ihr Kissen und es erschien nicht ein Traumbild, das ihren ohnmachtsähnlichen Schlaf im geringsten gestört oder unterbrochen hätte.

So waren bereits zehn der Heiligen Nächte vorübergegangen und Leni glaubte schon nicht mehr an die Prophezeiung der Alten.

Es war der Morgen des 5. Januars. Leni schlug die Augen auf und wollte gleich das Bett verlassen, da hielt sie für einen Moment inne. War da nicht ein leiser Hauch einer Erinnerung? Blitzte da nicht das verschwommene Bild eines Traumes auf? Ja, tatsächlich. Vor ihrem geistigen Auge sah sie etwas, das ihr wie ein Stück eines grünen Lodenumhanges vorkam. So, wie Jäger ihn trugen auf der Pirsch. Aber dieses Bild verschwand sogleich wieder, löste sich auf und noch ehe Leni ergründen konnte, in welchem Zusammenhang es stand, war es schon vorbei. Konnte es sein, dass sie von einem Mann geträumt hatte? So sehr sie sich auch bemühte, der Traum war in den Tiefen ihrer Seele versunken und was oder wer ihr auch immer erschienen sein mag, sie konnte sich einfach nicht mehr daran erinnern.

So machte das Mädchen sich an ihre Arbeit und im Lauf des Tages hatte sie auch diesen scheinbar so unbedeutenden, schemenhafte Ausschnitt ihres Nachtbildes vergessen.

Endlich war nun auch die letzte der Raunächte angebrochen. Aber in dieser Nacht wurde das Mädchen heimgesucht von einem fürchterlichen Albtraum. Zunächst fing alles ganz harmlos an. Leni sah sich auf einer Lichtung am Waldrand. Alles war friedlich und still. Dann aber tauchte plötzlich das Gesicht eines bärtigen Mannes auf. Er war schön, zweifellos – aber irgendetwas an ihm war seltsam befremdlich. Er streckte seine Hand nach Leni aus und sie wusste nicht, was sie tun sollte. Einerseits zog er sie an, andererseits fühlte sie sich sehr beunruhigt. Sie zögerte, hin und hergerissen zwischen Sehnsucht und Angst.

Auf einmal jedoch, da sah sie sich hinter dem Fremden auf einem Ross sitzen und wie der Wind flogen sie über das Land. Dann plötzlich ging es hinauf in die Höhe und gleich darauf schon wieder hinunter auf die Erde, hinein in die Tiefe und dann schon wieder hinauf. Rauf und runter in einem wilden Wirbel und um sie herum da krachte und donnerte es, es heulte und jammerte, als würde die Welt untergehen.

Leni blickte ängstlich hinter dem Rücken des Jägers hervor und da sah sie einen hölzernen Wagen durch die Lüfte fliegen, auf dem allerlei Teufels- und Hexenvolk saß. Höllische Gestalten, die lachten, feixten und fürchterliche Grimassen schnitten. Manche von ihnen schwangen drohend knorrige Stöcke über ihren gehörnten Köpfen.

Um den Wagen herum, da kroch und flog allerlei grausiges Viecherzeug: bucklige Katzen und bockbeiniges Gesindel, schreiend und kreischend. Eulen, die sie fast mit ihren schwere Flügelschlägen streiften, glitten lautlos an ihr vorbei.

Noch nie in ihrem Leben hatte Leni eine solche Angst verspürt. Mit all ihrer Kraft klammerte sie sich am Lodenumhang des Jägers fest, der wandte sich um und lachte aus voller Brust: »Ja, ja, bleib nur bei mir, halt dich fest! Hast' dir's ja so gewünscht, dass ich komm – jetzt bin ich da!«

Der Wind wurde stärker und stärker, immer heftiger riss und zerrte er an ihr. Plötzlich verlor sie den Halt, sie spürte mit Entsetzen, wie der Lodenstoff des Mantels durch ihre Finger glitt, dann rutschte sie vom Pferd und fiel und fiel in eine unendliche, schwarze Tiefe hinein.

Aber der schreckliche Albtraum war immer noch nicht zu Ende. Leni sah die Erde unter sich näher und näher kommen, spürte, wie ihr Nachthemd und ihre Haut an Büschen und Dornengestrüpp zerriss und dann auf einmal, ein Eintauchen in einen feuchten, kalten Sumpf, der sie schmatzend umfing und sie tiefer und tiefer verschlang. Feuchte Erde und Morast drangen ihr in Mund und Nase und sie fürchtete schon, ersticken zu müssen. Aber im selben Moment, als sie dachte, alles wäre verloren, sah sie vor sich plötzlich eine Hand. Eine weiße, zarte Hand, die sich ihr entgegenstreckte und dann schließlich, hell leuchtend in der Dunkelheit, das Gesicht einer Frau, bleich und schön. Und dieses Gesicht lächelte sie an, gütig und mild. Aber ehe Leni nach dieser rettenden Hand greifen konnte, schreckte sie in die Höhe. Ein Angstschrei steckte noch in ihrer Kehle, ihr Herz klopfte zum Zerspringen, verwundert sah sie sich um. Da war niemand, kein Pferd, keine Hexen und Teufel, kein fremder Jäger, aber auch keine rettende Frau. Es war alles nichts weiter, als ein Traum. Zum Glück nur ein Traum.

Leni aber war so aufgewühlt, dass sie sogleich aufstand, sich anzog und sich, ohne sich um ihre Arbeiten daheim zu kümmern, gleich auf den Weg zur alten Kräuterhexe machte.

»Ich weiß nicht«, sagte die Alte, nachdem Leni ihr alles erzählt hatte und auf eine Antwort hoffte. »Ich weiß es wirklich nicht. So etwas hab ich noch nie gehört. Aber irgendwie gefällt mir die ganze Sache nicht. Weißt du mein Kind, Träume mögen uns Wege zeigen, aber die Entscheidungen, sie zu gehen, treffen wir selbst. Vergiss das nicht. Vielleicht ist für

dich noch nicht die richtige Zeit für einen Mann. Du solltest viel Eisenkrauttee trinken, das klärt den Verstand. Und bete zur Percht, die schützt uns Frauen in der rauen Zeit.«

Aber Leni wollte keinen Tee trinken und sie wollte auch nicht beten. Sie wollte einen Mann und sie war sich sicher, er würde kommen und wenn sie ihn nur genug liebte, dann würde alles gut werden.

So zog das neue Jahr ins Land und alles schien wie vorher. Der Frühling kam, üppig und grün – überall heirateten jungen Mädchen und Burschen - nur Leni blieb allein.

Die Verwandten trieben ihre Späße und rissen ihre Witze und merkten gar nicht, wie sehr sie das Mädchen verletzten, das mit stolzen Gesicht schweigend dabei stand. Monat für Monat verging, mit ihnen der Sommer und der Herbst, und als sich das Jahr schließlich so langsam wieder dem Ende zuneigte, da trug Leni ihre tiefe Sehnsucht nach einem Mann immer noch unerfüllt und tief verborgen in ihrem Herzen.

Es war am Tag vor Allerheiligen. Leni kam vom Friedhof, wo sie das Grab ihrer Großmutter für den morgigen Gräberumgang geschmückt hatte. Die Sonne schien noch schön und warm in diesem Jahr und so entschloss sie sich einen kleinen Umweg über die Lichtung oben beim Wald zu nehmen, um die milde Herbstluft zu genießen. Die Luft war so lau und das bunte, trockene Laub raschelte unter ihren Füssen. Leni liebte diese Ruhe und den tiefen Frieden, der sie hier umgab und das

Alleinsein, das durch keine boshaften Blicke oder Fragen gestört wurde.

Auf einmal aber, da sah sie etwas zwischen den Bäumen hindurch. Eine Bewegung. Ja, tatsächlich, dort drüben stand ein Mann. Er lehnte mit dem Rücken an einer der alten Eichen und er sah jetzt direkt zu ihr herüber. Groß gewachsen, schwarzes Haar, das Gesicht umrahmt von einem dunklen Bart und über den Schultern ein dunkelgrüner Lodenumhang, wie ein Jäger. Sein Blick war seltsam, ein wenig kalt, wie es Leni schien, aber dennoch funkelte etwas in diesen Augen, das ihr Herz berührte. Jetzt lächelte er, hob die Hand und winkte ihr. Verschämt senkte Leni für einen kurzen Moment den Blick und als sie ihn wieder hob, war der Mann verschwunden.

Aber sein Bild hatte sich in Lenis Seele eingebrannt. Sie konnte ihn nicht mehr vergessen. Tag und Nacht dachte sie nur an ihn. Und in ihren Träumen, da sehnte sie ihn herbei mit jeder Faser ihres Herzens.

Wohin auch immer ihr Weg sie in den nächsten Wochen führte, immer hielt sie Ausschau nach dem Fremden. Aber er blieb wie vom Erdboden verschluckt. Bald glaubte die junge Frau schon, ein Spuk hätte sie genarrt.

Die Zeit bis zur Wintersonnwende verging wie im Flug. Schließlich war schon wieder der Abend des Thomastages gekommen. Ein warmer Föhnwind zerrte und rüttelte schon seit Tagen an den Fensterläden der Häuser und an den Gemütern der Menschen. Leni war unruhig. So nahm sie sich am Abend eine Tasse heißer Milch mit Honig in ihre Kammer mit hinauf und kaum, dass sie sie ausgetrunken hatte, schlief sie auch schon ein. Jedoch mit einem Mal – es musste mitten in der Nacht gewesen sein – wachte sie plötzlich auf. Sie hörte, wie der Wind immer stärker und stärker blies. Es heulte und pfiff um das Haus herum, die Dachschindeln knarzten, die hölzernen Läden klapperten. Irgendwo draußen schepperte ein alter Blecheimer, von fern bellte ein Hund. Leni stand auf, legte sich einen Wollschal um die Schulter und ging zum Fenster. Zerrissene Wolken flogen atemberaubend schnell, wie schwarze Vögel über den Himmel, ab und an leuchtete die Scheibe des vollen Mondes durch sie hindurch, spiegelte sich in den matschigen Pfützen auf dem Hof und ließ sie aussehen, wie gegossenes Silber.

Jetzt bemerkte Leni dort unten bei der Gartentüre einen dunklen Schatten. Ja, tatsächlich da war jemand – ein Mann – und jetzt erkannte sie ihn auch: Es war der Fremde, der Jäger und er blickte zu ihr herauf, hob wieder, wie beim ersten Mal, leicht die Hand und winkte sie zu sich herunter.

Lenis Herz klopfte bis zum Hals. Sie war hin und hergerissen zwischen Angst und Begehren. Wenn es einen kurzen Augenblick gegeben hat, an dem sie noch Macht über sich und ihre Handlungen hatte, dann ließ sie ihn ungenutzt verstreichen. Wie unter einem Bann setzte sie sich in Bewegung. Leise stieg sie Stufe für Stufe hinunter, öffnete die Haustüre und ging auf ihn zu. Und ehe sie richtig wusste, wie ihr geschah, saß sie auch schon hinter dem Fremden auf einem schwarzen Pferd, krallte ihre Hände mit aller Kraft in den dicken Loden seines Umhangs und flog mit ihm in die schwarze Nacht davon.

Am anderen Morgen konnte sich niemand erklären, was mit Leni geschehen war. Ihre Eltern fanden Bett und Kammer leer. Von dem Mädchen kein Zeichen und keine Nachricht. Es war die traurigste und sorgenvollste Weihnachtszeit ihres Lebens. Die armen Leute waren davon überzeugt, dass ein schreckliches Unglück geschehen sei und sie ihre Tochter nie mehr wieder sehen würden.

Umso erstaunter waren sie, als am späten Nachmittag des Drei-König-Tages, es war gleich nach Sonnenuntergang, die Türe aufging und Leni hereinkam. Bleich, zitternd und verstört in einem völlig zerrissenen, durchnässten Nachthemd. Wortlos setzte sie sich an den Tisch. Sosehr die Eltern auch in sie drängten, die junge Frau verlor keine Silbe darüber, wo sie gewesen war, geschweige denn über das, was sie erlebt hatte.

Es dauerte einige Wochen, ehe sie sich erholt hatte und ihr Leben und ihre Arbeit im elterlichen Haushalt wieder aufnahm, wie vorher. Aber seit jener Zeit war sie verändert, sie war still und ernst geworden. Über die Geschehnisse der vergangenen Raunächte hat sie, solange sie lebte, geschwiegen wie ein Grab.

Im darauffolgenden Herbst jedoch, als die Wälder rotgolden leuchteten, brachte Leni einen gesunden Buben auf die Welt. Sie nannte ihn Thomas.

Und manches mal, wenn sie sich unbeobachtet fühlte, strich sie dem Kleinen zärtlich über den Kopf und murmelte: »Gell, du bist halt ein Kind beider Welten - aber ich werd' schon dafür sorgen, dass du dich für die lichte entscheidest. Muss ja keiner wissen, dass dein Vater der Wode ist.«

Und als nun ein neues Jahr ins Land gezogen kam, da fand die Leni auch einen Mann, einen guten und sehr treuen, der nicht nur sie aus ganzem Herzen, sondern auch den kleinen Thomas wie ein echter Vater liebte.

2.8   Der Wode und seine wilde Jagd

In den Raunächten begegnen uns viele der heidnischen Götter aus der nordischen/germanischen Mythologie. Mit der Hel/ Holle/Percht erscheint nun auch der Wode, begleitet von seiner wilden Jagd.

Der süddeutsche Wode ist niemand anderer als der nordische Kriegs- und Totengott Wodan bzw. Odin. Er ist der Walvater oder Allvater der nordischen Mythologie. Die eddische Dichtung nennt ihn auch als Gott der Runen, der Magie, der Weisheit und der Ekstase. Etymologen erkennen die Verwurzelung seines Namens einerseits im mittelhochdeutschen *Wout,* im germanischen *wodaz* oder im gotischen *woz, (=rasend, wütend, besessen, erregt),* andererseits sehen sie hier auch eine Verbindung zum indogermanischen *wat (=anfachend, inspirierend).*

Odins Runenlied[13] berichtet, dass der Gott, der immer auf der Suche nach Weisheit war, sich einem Selbstopfer unterzog, da die Runen sich nur dem Würdigen offenbaren. Neun Tage und neun Nächte hing er kopfüber an der Weltenesche Ygdrassil, ehe sich ihm die geheimen Schriftzeichen zeigten.

In isländischen Texten und auch im alpenländischen Raum, in denen die Raunachtsmythen am umfassendsten erhalten blieben, wird der Wode oft als nächtlicher Wanderer im Jägergewand beschrieben. Viele überlieferte Geschichten berichten von Knechten, die auf einsamen Bergkämmen einem unheimlichen Fremden im

grünen Lodenumhang begegneten, der sie um gewisse Gefällig-
keiten bat. Führten sie die aus, wurden sie nicht selten mit Gold
oder anderen Reichtümern beschenkt.

2.8.1   Die Nachtsennerin

In der Tegernseer Gegend, unten am Fuße des Walbergs, befand sich einmal ein großer Hof. Der Bauer war ein leutseliger Mann. Besonders in der staaden Zeit saß er gern zusammen mit all den Leuten vom Hof, den Mägden und den Knechten und erzählte die eine oder andere Geschichte, wie das eben so war in der damaligen Zeit.

Wie diese Geschichten gesponnen waren oder oft auch, wie sie ausgingen, hing dabei so manches Mal von der Menge an Bier ab, die schon durch die durstigen Kehlen geronnen war.

Eines Abends saß der Bauer wieder zusammen mit seinen Knechten bei einem Weihnachtsumtrunk. Alle waren sie gekommen und saßen um den großen hölzernen Tisch in der bäuerlichen Stube, während der Bauer, der es liebte, wenn alle Anwesenden an seinen Lippen hingen, von allerlei Vorkommnissen in diesen zeitlosen Nächten erzählte: Von der wilden Reiterschar, die in dieser Zeit über den wolkenverhangenen Himmel fuhr und von einem schaurigen, schwarzen Jäger, der auf unerklärliche Art genauso schnell erschien, wie er wieder verschwand und den so mancher nächtliche Wanderer auf seinem Weg schon getroffen hatte.

Alle lauschten gebannt, bis sich plötzlich der neue Großknecht hervortat und ganz laut über den Tisch rief: »Ah geh, Bauer! Wen willst du denn schrecken mit deinen alten Weibergeschichten? An so etwas glaubt doch heute keiner mehr!«

Am Tisch zuckten alle ein wenig zusammen. Mucksmäuschenstill war es auf einmal geworden. So etwas war man nicht gewohnt, dass einer von den Bediensteten es wagte, die Stimme gegen seinen Herren zu erheben. Auch dem Bauern stieg vor Wut gleich die Röte ins Gesicht und seine Augen begannen gefährlich zu funkeln. Der Großknecht in seiner herrischen Art war ihm schon lange ein Dorn im Auge. Schon oft hatte er es bedauert, ihn eingestellt zu haben, besonders, nachdem ihm aufgefallen war, dass er seiner Tochter, dem Annerl, gar schöne Augen machte. Lieber heut' als morgen, hätte er ihn rausgeworfen, diesen Habenichts – aber, bis Lichtmess musste er ihn behalten, ob er wollte oder nicht, denn vorher würde er keinen brauchbaren Knecht mehr bekommen. Denn trotz aller Großmäuligkeit, arbeiten konnte er, das musste man ihm lassen.

»Ach, da schau her!«, raunzte er. »Was fällt denn dir ein du Hungerleider? Nicht nur, dass du offenbar nicht weißt, was die Jenseitigen in solchen Nächten alles anrichten können, du zweifelst also auch an meinem Wort?«

»Ich zweifel nicht daran, dass du selbst all diesen Unfug glaubst. Was ich anzweifel ist, dass es diesen ganzen Raunachtsspuk überhaupt gibt. Das sind doch nur Geschichten, die alte Weiber in den Spinnstuben erzählen.«

Jetzt war der Bauer aufgesprungen: »Ja, ja, solche wie dich hab ich gern! Das Maul aufreißen und alles besser *wissen. Aber wenn's dann ernst wird, dann habt's ihr immer die Hosen voll, gell?«*

»Ich war noch nie ein Feigling! Und wenn du es nicht glaubst, Bauer, dann stell mich halt auf die Probe!«

»Das kannst du haben! Von mir aus gilt es! Wenn du heute Nacht noch tust, was ich dir sage, dann lass ich vielleicht wegen der Anna noch mit mir reden.« Der Bauer hatte sich jetzt so in Rage geredet, dass er gar nicht mehr überlegte, was er von sich gab. Aber er war sich sicher, dass der Andere ohnehin den Kürzeren ziehen würde.

»Von mir aus gilt es auch!«, entgegnete da aber der Knecht und hielt dem Bauern die Hand hin. »Schlag ein! Was immer du verlangst, ich mach es!«
»Also gut! Ausgemacht! Ich verlang' nicht mehr von dir, als dass du auf meine Almhütte gehst und mir von dort oben den Milchseiher holst, der im Sommer liegengeblieben ist!«

»Wenn's weiter nichts ist.« Der Knecht nahm sich seine Lodenjacke vom Haken und ehe irgend einer der Männer ihn noch warnen konnte, war er schon auf dem Weg zur Alm hinauf.

Es war eine mondhelle Nacht, am Himmel über ihm glitzerten tausend Sterne, das harschige Schneebrett knirschte unter dem schweren Tritt seiner Stiefel und so kam er gut voran. Das Wetter war auf seiner Seite. Höher und höher stieg er und er war guter Dinge, dass er sein Ziel bald erreicht haben würde.

Auf einmal jedoch, er war schon eine Weile unterwegs, schreckte er zusammen. Direkt vor ihm stand, wie aus dem Nichts, auf einmal ein fremder Jäger – ohne, dass er einen einzigen Laut gehört oder vor sich auch nur annähernd eine Gestalt wahrgenommen hätte. Dabei schien der Mond hell und klar vom Himmel herab und beleuchtete den Weg fast wie eine Laterne.

»Wohin gehst du denn noch heute Nacht?«, fragte der Fremde und seine Stimme klang so rau und heiser, dass es den Knecht direkt ein wenig fröstelte.

»Ich muss noch zur Alm rauf. Für den Bauern was holen«, antwortete er knapp, denn mehr wollte er dem Fremden von seinem Vorhaben gar nicht erzählen.

Der Jäger stand jetzt so nah, dass der Knecht ihm direkt in sein halb unter einem dunkelgrünen Filzhut verborgenes, mit tiefen Falten und Runzeln durchzogenes Gesicht sehen konnte. Es war umrahmt von einem langen graumelierten Bart, über seinen schwarzen Augen thronten ein paar dichte Brauen, die aussahen, wie Gewitterwolken.

»So, so«, brummte er, »zur Alm. Das trifft sich ja gut. Vielleicht magst du mir ja einen Gefallen tun? Dort droben, gleich hinter dem Waldstück, da wo die drei Tannen stehen, das kannst du gar nicht übersehen, da ist meine Hütte. Gleich hinter der Tür, liegt ein Stapel Gamsfelle. Ich hab vergessen, sie zu wenden. Geh doch rein und mach das für mich, damit sie mir nicht verderben – dann spar ich mir den Weg zurück. Neben den Häuten auf dem Boden findest du dann auch eine

Belohnung, die kannst' dir gerne mitnehmen! Und grüß mir die Nachtsennerin, wenn Du auf deiner Alm bist!« Als er das sagte, lachte er laut und, wie es dem Knecht schien, fast ein wenig gehässig.

Obwohl ihm der Jäger irgendwie unheimlich war, versprach er aber, nach den Fellen zu sehen. So nahmen sie Abschied und jeder von ihnen ging wieder seiner Wege. Der eine stieg hinauf und der andere hinab.

Aber während der Knecht so ging, sinnierte er darüber nach, was der Jäger wohl gemeint hatte mit der »Nachtsennerin«. »Seltsam«, dachte er. »Ich hab ja auch noch nie etwas von einer Baumgruppe mit drei Tannen gesehen oder gehört.« Er war diesen Weg hier schon oft gegangen, aber auch an eine Jagdhütte konnte er sich beim besten Willen nicht erinnern.

Umso erstaunter war er, als er nach einer guten Stunde vor sich im Mondlicht tatsächlich die schemenhaften Umrisse dreier Tannen und einer kleinen Jagdhütte sah. »Na, ja«, dachte er, »vielleicht war ich ja immer so in Gedanken, dass ich die nie gesehen hab'?«

Er ging also darauf zu, öffnete die Türe und genau wie der Jäger es gesagt hatte, lagen dahinter, aufeinandergestapelt auf einen Haufen, unzählige Gamshäute. Wie versprochen, drehte er sie um und wollte gerade wieder gehen, als ihm die zugesagte Belohnung plötzlich wieder in den Sinn kam. Er sah sich um, aber da war nichts – nur ein paar alte, trockene Tannenzapfen. »Schöne Belohnung«, schimpfte der Knecht ein wenig grantig. Aber dann bückte er sich und steckte, mehr so zum Spaß, einen davon in seine Jackentasche.

Wenige Zeit später hatte er endlich sein Ziel erreicht. Er war schon ganz schön außer Atem und die Kälte drang ihm immer mehr in die Glieder, sodass er froh war, bald wieder den Heimweg antreten zu können. Nur schnell den Seiher nehmen und dann zurück. Wenn er sich ein wenig beeilte, war er in ein paar Stunden wieder auf dem Hof und dann sollte der Bauer sein Versprechen einlösen. Ein leises Lächeln huschte über seine Lippen, wenn er an das Annerl dachte und daran, dass es vielleicht doch noch was werden könnte, zwischen ihnen beiden.

Als er jetzt aber zur Alm hinkam, sah er mit Verwunderung, dass die kleine Holzhütte bewohnt war. Aus den winzigen Fenstern heraus, drang ein heller Feuerschein und aus dem Kamin stiegen kleine, weiße Rauchwolken.

Er trat vor die Türe, aber ehe er anklopfen konnte, wurde sie schon aufgerissen und eine Sennerin sprang wie eine Furie heraus. Die Haare standen ihr wild vom Kopf weg und aus ihrem wutverzerrten Gesicht leuchteten die Augen wie rotglühende Kohlen. Mit scharfen Krallen packte sie ihn am Kragen seines Mantels und schrie ihn an: »Was willst du? Sag, was willst du?«

»Den Milchseiher für den Bauern«, entgegnete der Knecht, der trotz seines ersten Schreckens, recht ruhig geblieben war.

»Da hast' was dir zusteht!«, rief sie und schleuderte den Mann, der bestimmt einen Kopf größer war, als sie selber, mit einer nahezu überirdischen Kraft den Hang hinunter.

Hals über Kopf polterte der jetzt wieder den gesamten Berg hinab, den er gerade eben hinaufgestiegen war und es

*war ein schieres Wunder, dass er sich nicht alle Knochen ge-
brochen hatte, als er unten ankam.*

*Mühselig rappelte er sich wieder auf, schüttelte sich und
schlug sich mit der Hand den Schnee von der Kleidung. »Einmal ist keinmal«, dachte er. Dann machte er sich noch einmal
an den Aufstieg und klopfte einige Zeit später erneut an die
Hüttentüre.*

*Aber wieder sprang die Sennerin heraus. Sie fauchte und
spukte, packte ihn beim Kragen und ehe er sich's versah, flog
er schon wieder im hohen Bogen fast bis hinterunter ins Tal.*

*Aber der Knecht war ein willensstarker Mann, wenn der
sich einmal etwas in den Kopf gesetzt hatte, ließ er sich so
leicht nicht davon abbringen. Also raffte er sich wieder auf
und machte sich auf den Weg. »Aller guten Dinge sind drei!«,
meinte er und schritt forsch voran.*

*Als er nun zum dritten Mal an die Hütte kam und die Türe
sich öffnete, da rechnete er schon mit dem Schlimmsten. Aber
auf einmal war die Sennerin wie ausgewechselt. Die Haare
standen ihr nicht mehr wild vom Kopfe ab, sie war ordentlich
frisiert, die Kleidung war sauber und aus ihren Augen sprüh-
ten keine roten Funken mehr. Adrett, freundlich und lächelnd
bat sie ihn in die Hütte hinein, damit er sich nach seiner
langen Wanderung am Feuer wärmen konnte.*

*Ohne, dass er sie noch einmal darum bitten musste, gab sie
ihm gleich den Milchseiher. Dann setzte sie sich zu ihm und
erzählte ihre Geschichte.*

*Viele Jahre, so sagte sie, sei sie Sennerin auf dieser Alm ge-
wesen. Sommer für Sommer hatte sie hier auf dem Berg verbracht. Aber das Alleinsein hat ihr wohl aufs Gemüt geschla-*

gen, sodass sie ihre Arbeit nicht mehr richtig getan hatte. Sie hatte das Vieh vernachlässigt, das verwahrloste, hungern musste und schließlich krank geworden sei. Zur Strafe dafür habe sie nach ihrem Tod keine Ruhe gefunden. Verflucht sei sie gewesen von der Hüterin allen Lebens. Deshalb hätte sie jeden Winter hier auf der Alm umgehen müssen, ohne Rast und Ruh. Dreimal, so lautete der Flucht, müsse ein schneidiger Bursch sich ihr stellen, dann wär sie erlöst. Und dieser Bursche sei er gewesen, sodass sie jetzt endlich ihren Seelenfrieden finden konnte.

»Ich danke dir!«, sagte sie noch und berührte ihn ganz sanft an der Hand. Dann auf einmal – wie durch einen Zauber - löste sie sich vor den Augen des Knechtes auf. Ihre Gestalt wurde immer bleicher und durchsichtiger, bis sie schließlich ganz und gar verschwunden war. Die Türe öffnete sich mit einem lauten Schlag und ein heftiger Windstoß fegte durch die Stube, fuhr in die Feuerstelle hinein, die Flammen loderten noch einmal auf, dann waren sie erloschen. Ganz still war es geworden, alles war dunkel und kalt und plötzlich sah es genauso aus, wie in jeder anderen Almhütte im Winter auch – unbewohnt und verlassen.

Lange brauchte der furchtlose Knecht nicht, um sich von dem Schrecken zu erholen. Bald darauf schon machte er sich an den Abstieg. Der Bauer und all die anderen Knechte staunten nicht schlecht, als er ihnen - noch ehe die Sonne aufging – den Milchseiher aus der Almhütte auf den Tisch legte.

Und noch viel mehr staunten sie, als er erzählte, was ihm widerfahren war. Als er jedoch von der Begegnung mit dem

Jäger erzählte, da lachten sie alle und wollten ihm kein Wort mehr glauben, denn niemand konnte sich daran erinnern, dass es dort oben eine Baumgruppe mit drei Tannen, geschweige denn eine Jagdhütte gab.

Wie der Knecht aber nun in seine Manteltasche fuhr, um zum Beweis den Tannenzapfen herauszuholen, da hatte dieser sich unversehens in pures Gold verwandelt.

Er kam gar nicht mehr dazu, noch irgendein Sterbenswörtchen darüber zu verlieren, denn im nächsten Augenblick saß er schon mutterseelenallein in der Stube. Alle anderen – der Bauer voran – hatten sich ihre Jacken gegriffen und waren bereits auf dem Weg hinauf auf den Wallberg, um dort nach der Hütte des nächtlichen Jägers und den darin verborgenen Goldzapfen zu suchen.

Gefunden jedoch hat sie keiner - bis heute nicht, obwohl immer wieder – so wird erzählt – der eine oder andere schneidige Bursche während der Raunächte danach gesucht hatte.

Die Alm des Bauern blieb bis zum Sommer unbewohnt, dann kam eine neue Sennerin, eine recht fleißige und gute, die sich mit ganzem Herzen und ganzer Seele um das Wohl der Tiere kümmerte.

Der Knecht aber, der war nicht mehr lange Knecht auf des Bauern Hof. Im Jahr darauf schon hielt er Hochzeit mit dem Annerl und dem Bauern war er jetzt, da er mit seinem Goldschatz ein gemachter Mann war, als Schwiegersohn auch sehr willkommen.

Über den raunächtlichen Himmel reitet Wodan/Odin auf seinem achtbeinigen Ross Sleipnir, begleitet von den Wölfen Geri und Freki (der *Gierige* und der *Gefräßige*) und den beiden Raben Huging (*Gedanke*) und Munin (*Erinnerung*). Mit ihm zusammen reiten alle Geister des Todes. Man braucht nicht viel Fantasie, um in einem von düsteren Föhnwolken überzogenen Dezemberhimmel diese wilde Reiterschar auszumachen. Vor allem, wenn am Horizont ein schmaler goldener, von der untergehenden Sonne beschienener Lichtstreif glimmt, in dem unsere germanischen Vorfahren die weithin leuchtenden Feuer der göttlichen Waffenschmieden zu erkennen glaubten.

Der Überlieferung nach handelt es sich bei den Begleitern des Wodans bzw. Odins um gefallene Krieger und die Verstorbenen, die »vor ihrer Zeit« gegangen sind, also all jene, die eines unnatürlichen Todes starben. Auch Tiere, vornehmlich Jagdhunde, Nachtvögel und Raben, Ziegen und Geißböcke ziehen mit lautem Bellen, Meckern und Kreischen zusammen mit dieser Jagd durch die langen Winternächte.

Anführer dieser wilden Reiterschar ist jedoch nicht Odin selbst, sondern seine Gattin Frigg, die Hel oder Percht. Manche Überlieferungen berichten davon, dass sie auf einer großen Eule mit gewaltigen Schwingen reitet; andere wiederum beschreiben einen Wagen, auf dem die hohe Frau sitzt und ihren goldenen Spinnrocken schwingt.

Einen weiteren Hinweis auf die Frau Percht gibt eine Glaubensvorstellung aus Schwaben, wonach ein weiß gekleideter und von weißen Hunden begleiteter *Berchtold* auf einem Schimmel die Wilde Jagd anführt.

Die Percht wird also immer begleitet von allerlei düsteren und unheimlichen Gesellen – so wie es, die sich heute immer größer werdender Beliebtheit erfreuenden Perchtengruppen zeigen, die schon längst die alpenländischen Gefilde verlassen haben und ihr - inzwischen mehr oder weniger traditionelles - Unwesen im großstädtischen Getümmel der vorweihnachtlichen Christkindlmärkte treiben.

Der Grundgedanke dieser Pässe[*] war es jedoch ursprünglich während der Zeit der Raunächte in abgelegenen Bergregionen von Hof zu Hof zu gehen, dort ihre Tänze und Sprüche vorzutragen, um die Menschen an die Wiederkehr des Lichtes und das Wirken der hohen Frau Percht zu erinnern. Natürlich zeigten sie dabei auch – wie alle bereits erwähnten Götter und Heilige des Winters – das zerstörerische und strafende Gesicht der finsteren Percht.

Allerdings scheinen diese düsteren Gesellen erst lange nach den ersten Sagen und Legenden über ihre hohe Herrin in Erscheinung getreten zu sein. Erst im 16. Jahrhundert gibt es erste Auf-

---

[*] *Als »Pass« bezeichnet man eine Gruppe von Perchten*

zeichnungen über ihre Umzüge und Tänze. Somit gelten sie eher als Brauchtum. Sie stehen nicht grundsätzlich mit den Mythen, Sagen und Erzählungen über die Percht in Verbindung und finden darin auch keine Erwähnung.

Die Perchtenpässe symbolisieren also Boten oder Begleiter der Percht. Sie waren Abbild der jagenden Reiterschar des Wodes, die der Vorstellung nach zeitgleich über den nächtlichen Winterhimmel ritt. Aber nicht nur am nächtlichen Himmel trieb die Horde dahin, sie begegnete nächtlichen Wanderern auch auf Bergen, an Teichen und Flüssen.

So sind Erzählungen überliefert von seltsamen Begegnungen in den Raunächten mit dunklen Gesellen oder schwarz gekleideten Jägern in den Bergen. Auf dem Inn trieb einst die »wilde Schifffahrt« ihr Unwesen und drohte unachtsamen und leichtfertigen Zeitgenossen mit allerlei zauberischen Verführungen und Gefahren.

Die Menschen mussten sich also davor hüten, dieser wilden Jagd – in welcher Gestalt auch immer – anheimzufallen. Begegnungen mit ihr konnten im schlimmsten Fall den eigenen Tod bedeuten – immer jedoch hatten sie tiefe transformative Auswirkungen auf das eigene Leben. Wer die Gefahr überstand, war am Ende nicht mehr derselbe, der er vorher war.

Unzählige alte Geschichten berichten davon, dass nächtliche Wanderer häufig auf ihren Wegen durch die Totengeister aufgegriffen wurden. Meist wurden sie um Hilfe gebeten, etwa gebrochene Rädern an den hölzernen Wagen oder Pflügen zu reparieren, die sie mit sich führten. Wer den Geistern dienlich war, konnte mit hohen Belohnungen rechnen, oft mit Spänen, die sich dann in Gold verwandelten; wer sich jedoch ihren Zorn zuzog, musste dies meist mit dem Leben bezahlen.

2.8.2   Der Wagner

Der Wagner von Kirchdorf war ein braver, aber etwas seltsamer Mann. Er machte sich nicht viel aus der Gesellschaft mit anderen. Das mag wohl auch der Grund gewesen sein, dass er an jenem Weihnachtsabend, als er zur Bescherung bei der Familie seiner Schwester im Nachbardorf eingeladen war, das eine oder andere Glas zu viel getrunken hatte. Es war schon sehr spät, als der Festschmaus zu Ende war und der Wagner sich auf den Weg nach Hause machen wollte.

»Geh«, meinte seine Schwester, »bleib doch! Du kannst auf dem Kanapee in der Stube schlafen. In so einer Nacht musst du doch nicht allein über die Felder laufen!«

Aber der Wagner, dem das Reden seines Schwagers eh schon auf die Nerven ging, war froh, wenn er endlich wieder alleine war, und wollte sich einfach nicht überreden lassen.

Er wusste um die Natur, er kannte die Pfade, die in dieser Jahreszeit aufgrund Eis oder Schneeverwehungen gefährlich waren, und er wusste um die Anfeindungen, die in den Raunächten einem nächtlichen Wanderer auflauern konnten. Aber vielleicht hatten das viele Bier und der eine oder andere Selbstgebrannte doch dazu geführt, dass er jetzt alle Warnungen in den Wind schlug und sich auf den Weg machte.

Es war eine klare, kalte Winternacht. Der volle Mond schien hell und freundlich auf seinem Weg, sodass er gut vorankam. Er war jetzt schon kurz vor seinem Dorf und wollte das letzte Stück zu seinem Haus ein wenig abkürzen

und über das verschneite Feld laufen, das ihn jetzt noch von
seinem Anwesen trennte.

Er hatte gerade die Straße verlassen und den ersten Fuß
auf den Acker gesetzt, als sich plötzlich und völlig unerwartet
der Himmel verdüsterte. Wolke um Wolke schob sich vor das
eben noch so leuchtende Rund des Mondes und ein seltsamer
Wind kam auf, der heulend und jammernd durch Büsche und
Bäume fuhr. Ängstlich blickt der Wagner jetzt nach oben –
aber er sah keine Wolken – er sah eine wilde Horde über den
Himmel jagen, schwarze Gesellen, Rösser und Reiter, bellende
Jagdhunde, springende Böcke, bucklige Katzen, krächzende
Raben und Eulen mit weitem Flügelschlag. Und mitten unter
ihnen ein Wagen, der sich jetzt immer weiter der Erde zu-
neigte. Auf diesem Wagen saß allerlei Gesindel, feixende
Hexen und grinsende Teufel mit gebogenen Hörnern auf den
Köpfen, manche von ihnen schwangen in ihren krallenartigen
Händen gewundene Stöcke und stießen dabei wüste Flüche
aus. Das ganze dämonische Gefährt kam jetzt immer näher
und näher auf den Wagner zu.

Sein Herz schlug bis zum Halse. Nur zu genau wusste er,
dass es sein Ende bedeuten würde, würde er aufrecht stehend
in die Gewalt dieser Meute geraten. Deshalb warf er sich Hals
über Kopf in die nächste Ackerfurche hinein, drückte das Gesicht in die gefrorene Erde und schlug die Hände schützend
über seinem Haupt zusammen. Still und inbrünstig betete er,
dass der Spuk ganz schnell wieder vergehen mochte.

Aber der Zauber war noch lange nicht vorbei.

Direkt neben dem Wagner stieß die Geisterfahrt jetzt auf
den Boden nieder und der arme Mann konnte nun auch die

Stimmen hören und verstehen, was die Gesellschaft rief. Verärgert waren sie, wütend und zornig, weil ihnen auf ihrer nächtlichen Fahrt ein Rad gebrochen war. Sie fluchten und schimpften so grob, wie der Wagner es sein Lebtag noch nicht gehört hatte.

Jetzt hatten sie aber auch schon seine liegende Gestalt im Acker entdeckt. »He! Du! Was versteckst dich da? Glaubst du vielleicht, wir sehen dich nicht? Uns kommt keiner aus!«

Mit Grauen hörte er, wie jetzt einige dieser bockfüßigen Gesellen vom Wagen sprangen und auf ihn zukamen. Auf einmal jaulte eine schrille, krächzende Stimme auf: »Ja sowas! Das ist ja der Wagner! Ja so ein Glück! Der muss uns jetzt das Rad richten!«

Und schon waren sie heran und schrien: »Geh weiter Wagner, steh auf! Du musst uns helfen!« Sie packten ihn links und rechts mir ihren dürren, gebogenen Krallenfingern, stellten ihn auf die Füße und zogen ihn mit aller Gewalt zum Wagen rüber.

Der arme Kerl wusste genau, dass es sein Ende bedeuten würde, wenn er sich jetzt widersetzte. Und so fing er in Windeseile an, die nötigen Arbeiten auszuführen. Und die Nachtwesen gingen ihm willig zur Hand, reichten ihm Nägel und Hammer, Feile und Ölkanne und alles, was er sonst noch an Werkzeug benötigte.

Schneller, als gedacht war so das Rad wieder geflickt und die Wilden begannen schon wieder vor Freude mit ihren Bockfüßen auf den Boden zu stampfen und laut zu johlen: »Gut hast du das gemacht, Wagner, sehr gut! Dafür sollst auch eine Belohnung bekommen. Sie bückten sich, hoben

Säge- und Eisenspäne, die beim Arbeiten abgefallen waren, auf und stopfen sie lachten und greinend dem Wagner in seine Manteltaschen. »Da, hast'! Wagner, des ist der Lohn für deine Hilfe! Lass es dir gut gehen damit!«.

Dann stiegen sie kichernd und lachend auf ihren Wagen und fuhren mit lautem Hui und Poltern wieder in die Höhe. Als sie die Wolkendecke durchbrachen, erhob sich rundherum lautes Donnerkrachen und schwefelgelbe Blitze zuckten vom Himmel herab. Genauso schnell, wie die ganze maledeite Teufelsbrut gekommen war, war sie nun auch wieder verschwunden.

Ehe der Wagner sich versah, stand er wieder völlig alleine auf dem Acker. Alles um ihn herum war still und verlassen. Die Wolkendecke riss auf und mit einem Mal schien wieder der volle, runde Mond herab, so friedlich und sanft, als wäre nichts geschehen. Der gute Mann brauchte ein wenig, um sich von dem Schreck zu erholen. Er putzte seinen Mantel ab und fuhr dabei in die Taschen, fühlte nach den Spänen, die ihm die Jenseitigen hineingestopft hatten und warf sie alle heraus. »Weg!«, dachte er. »Nur weg mit dem Teufelszeug und nichts wie heim.«

So schnell er konnte, lief er quer über das Feld zu seinem Haus, öffnete ebenso geschwind die Türe, wie er sie hinter sich wieder schloss. Und dann atmete er erst einmal auf. Er konnte es immer noch nicht fassen, dass er aus der ganzen Sache mit heiler Haut davon gekommen war. »Nie wieder!«, so schwor er sich. Nie mehr würde er in einer Raunacht jemals wieder auch nur einen Fuß vor die Türe setzen. Erleichtert zündete seine kleine Lampe an und fuhr mit der

Hand noch einmal in seine Tasche, die sich plötzlich so seltsam schwer anfühlte. Als er sie wieder herauszog und sie gegen die kleine flackernde Flamme hielt, da glänzte es auf seiner Handfläche mit einem Mal vor purem Gold. Jetzt wusste er auch, was die Geister mit seiner Belohnung gemeint hatten.

Sein Versprechen, in den Raunächten nicht mehr hinauszugehen, vergaß er genauso schnell, wie er jetzt wieder zurück auf den Acker lief, um den weggeworfenen Goldschatz zu suchen. Als er aber an die Stelle kam, war nichts mehr zu finden, der nächtliche Wind hatte die Späne längst in alle Himmelsrichtungen verstreut.

Obwohl der Begriff »Wilde Jagd« ein relativ junger ist – er wurde erst im Jahre 1835 durch Jakob Grimm in seiner Deutschen Mythologie geprägt, ist die Darstellung des Wode als Jäger eine archetypische. Bereits in den nordischen Mythen wurde die *»odensjakt«, (Odins Jagd)* mit der Julzeit in Verbindung gebracht.

Symbolisch konnte die unverhoffte Begegnung mit dem Jäger Wode/Odin sowohl eine Ankündigung für das eigene Lebensende bedeuten, aber auch kollektiv den Ausbruch eines Krieges oder einer Seuche ankündigen.

Die Raunächte standen also immer auch in enger Verbindung mit dem Tod. Die dunkle, gefährliche Zeit spiegelt die Endlichkeit des irdischen Seins wider. Deshalb wurde in diesen Nächten besonders der Verstorbenen innerhalb der Familie gedacht und man ließ, nach den Mahlzeiten, Essen für ihre Seelen auf den Tischen liegen.

Nun durfte auch keine Wäsche gewaschen und nach draußen zum Trocknen aufgehängt werden. Die Jäger der wilden Jagd hätten sich sonst in den Wäschestücken verfangen können, was mit Sicherheit den Tod des Besitzers im kommenden Jahr bedeutet hätte.

Was uns heute als naiver Aberglaube erscheint, hatte aber in der alten Zeit durchaus seine Berechtigung. Die Menschen besaßen wenig Kleidung, - meist nur ein Arbeits- und ein Festtagsgewand und sie verfügten auch nicht über eine ausreichende medizinische Versorgung. In den kalten Wintertagen und -nächten war es kaum möglich, Gewaschenes richtig zu trocknen. Klamme, feuchte Kleidung anzuziehen konnte schwerwiegende, tödliche Erkrankungen mit sich bringen.

Die Ge- und Verbote, die sich als Brauchtum und Aberglaube im Bewusstsein der Menschen verankerten, hatten also immer einen direkten Bezug zu den Notwendigkeiten des täglichen Lebens. Sie beinhalteten sinnvolle Vor-Bilder, die vor den Gefahren dieser düsteren Jahreszeit schützten. Über Geschichten, Mythen und Märchen wurden sie von Generation zu Generation weitergegeben und sind darüber zum Teil bis heute erhalten geblieben. Gerade in Zeiten, in denen die wenigstens Menschen in der Lage waren, zu schreiben oder zu lesen, waren die Botschaften von leicht verständlichen mündlichen Erzählungen mit einprägenden bildhaften Beschreibungen besonders wichtig. Vielleicht werden die Raunächte deshalb auch als Loosnächte bezeichnet. »Loos« bezeichnet zwar einerseits das »Los des Schicksals«, etwas, das uns als Fügung im neuen Jahr zufällt; andererseits verweist es aber auch auf den alten bayerischen Begriff des »Lusen« = Hören, Lauschen[14], in dem unschwer eine Verwandtschaft zum englischen »listen« erkennbar wird. Als »Luser«

werden in manchen oberbayerischen Gegenden die Ohren bezeichnet.

Dieser Begriff weist die Raunächte noch einmal besonders als Zeitraum des Hörens, des Lauschens, des Wahrnehmens hin. Gemeint ist damit sowohl das Hineinhören auf das eigene Innere, als auch auf die notwendigen Botschaften und Anforderungen, die das soziale Miteinander und das Leben im natürlichen Kreislauf betrafen. Und auch hier berichten Geschichten, Sagen und Mythen davon, dass oftmals derjenige, der nicht hören wollte, am Ende fühlen musste.

2.8.3   Wilde Schifffahrt auf dem Inn[15]

Der Schorsch war ein junger Kerl, der vor langer Zeit am Inn lebte. Er war der einzige Sohn eines Schiffbauers, der sich mit viel Fleiß und Ausdauer einen bescheidenen Wohlstand erarbeitet hatte. Die Mutter war schon gestorben, als der Schorsch noch sehr klein war und so war das vielleicht der Grund, warum der Vater ihm immer ein wenig zu viel nachsah. »Der Bub wird schon noch werden«, so sagte er immer nur, wenn die Leute ihm zutrugen, dass der Schorsch keine Wirtshausrauferei ausließ oder schon wieder einmal das Herz eines jungen Mädchens gebrochen hatte.

Aber irgendwie hatte es den Anschein, als ob der Schorsch nicht so richtig werden wollte. Zumindest wollte er nichts davon wissen, beim Vater richtig mitzuarbeiten, ein gegebenes Verlobungsversprechen zu halten oder ab und zu auch einmal eine Maß Bier oder eine Flasche Schnaps stehen zu lassen.

»Wenn der Alte irgendwann einmal die Augen für immer schließt, wird der Schorsch das Erbe durchgebracht haben, ehe die Leiche kalt ist.« So redeten die Leute. Aber den Schorsch kümmerte das nicht. Zumindest nicht nach außen hin. Er war ja im Grunde seines Herzens kein schlechter Kerl. Aber er war halt auch keiner, der sich um die Pflichten und Lasten des Lebens groß kümmerte. »Warum soll ich meine Jugendzeit mit Arbeit vergeuden, wenn das Leben doch so schön ist?«, dachte er sich.

Insgeheim jedoch, da träumte er schon davon, dass er einmal allen so richtig zeigen würde, was in ihm steckte. Eines Tages, da würde er, der Schorsch, hinaus in die weite Welt gehen und die anderen, die würden erst wieder von ihm hören, wenn er große Verdienste errungen hätte oder steinreich geworden wäre. Jedes Mal, wenn der Schorsch im Wirtshaus schon ein wenig über den Durst getrunken hatte, dann erzählte er jedem, ob er es hören wollte oder nicht, von seinen großen Träumen. So kam es, dass ihn im Lauf der Zeit niemand mehr so richtig ernst nahm. »Ist schon Recht, Schorsch«, hieß es dann. »Red' nur! Aber jetzt trinken wir erst noch mal eine Maß!«

Genauso war das auch an diesem besonderen Abend im Winter. Es war ein, zwei Tage nach Weihnachten. Der Schorsch hatte wieder einmal tüchtig getrunken, wie seine Saufkumpane auch und wie so oft, führte ihnen allen bald schon der Rausch das Mundwerk: »Ihr werdet es schon noch sehen!« Der Schorsch lallte bereits ein wenig. »Irgendwann bin ich weg und dann schick ich euch ein Telegramm aus Amerika oder Afrika oder sonst wo her. Da werdet Ihr schau'n! Aber jetzt geh ich erst mal heim und schlaf mich aus!«

»Ja, ja, Schorsch, das wissen wir jetzt schon! Irgendwann! Haha! Jetzt pass aber bloß auf, dass dich die wilde Schifffahrt nicht mitnimmt. Dann bist schneller fort, als du glaubst. Es ist Raunacht!«

Die Männer im Wirtshaus lachten noch und klopften sich vor Freude auf die Schenkel, als der Schorsch sich seinen Lodenmantel griff und durch die Türe hinaus torkelte.

Es war eine kalte, feuchte Nacht. Weiße Nebelschwaden stiegen aus den Fluten des Inns auf. Eine bleiche Mondsichel schickte ab und zu ihr fahles Licht durch aufgerissene Wolkenfetzen hindurch. Den Schorsch fröstelte. Er zog die Schultern hoch, steckte seine Hände etwas tiefer in die Taschen und ging ein wenig schneller. Er war ja schon oft diesen Weg am Ufer entlang vom Wirtshaus bis zum Anwesen seines Vaters gegangen. Aber jetzt erschien ihm alles irgendwie besonders unheimlich. Eine seltsame Stimmung war das heute Nacht. Vom Fluss herauf gluckste und gurgelte es. Der Nebel war jetzt so dicht, dass der nächtliche Wanderer kaum mehr die Hand vor Augen sah.

Plötzlich schien es ihm, als höre er Geräusche und Stimmen aus den milchigen Schwaden heraus, als ob dort ein Schiff fahren und jemand Befehle rufen würde. Im Näherkommen lichtete sich der Nebel jetzt mehr und mehr, löste sich nach und nach auf und was der Schorsch jetzt sah, ließ ihn fast an seinem Verstand zweifeln. Das konnte doch nicht sein! So viel hatte er doch nun wirklich nicht getrunken. Er schüttelte den Kopf, blinzelte mit den Augen. Aber tatsächlich, er hatte sich nicht getäuscht. Direkt vor ihm auf dem Fluss lag ein großes Schiff, von dem aus ein hölzerner Steg ans Ufer gelegt war. Und von dort aus wanderte ein langer Zug von Männern, gehüllt in dunkle Umhänge, mit schweren Säcken auf ihren

Rücken auf das Schiff hinauf. Still und stumm schritt die Prozession über die schmale Holzplanke und einer nach dem anderen verschwand im Inneren des Schiffes. Licht drang durch kleine Luken nach draußen und Schorsch hörte das Reden und Lachen von tiefen Männerstimmen und im Hintergrund das lustige Spiel eines Akkordeons.

Was ging hier bloß vor sich?

Er war jetzt ganz dicht herangekommen, stand direkt hinter einem der Männer, der sich ebenfalls gerade anschickte, die Planke zu betreten. Schorsch hob die Hand und tippte ihm mit dem Finger auf die Schulter: »Was macht ihr denn da? Was ist denn das für ein Schiff?«

»Wir heuern an«, entgegnete der Fremde. Seine Stimme klang heiser, fast flüsterte er. »Das Schiff fährt über die Donau zum Schwarzen Meer. Dort gibt es einen solchen Reichtum an den Küsten, das kannst du dir gar nicht vorstellen. Jeder, der einmal dort war, ist für sein Leben ein gemachter Mann. Mein Bruder hat von dort ganze Kisten mit Gold und Edelsteinen heimgebracht. Dort ist noch genug davon und es wartet nur darauf, dass es einer holt. Willst' nicht auch mitkommen?«

Dem Schorsch schlug das Herz vor Aufregung bis zum Hals. Sollte das die Gelegenheit sein, auf die er schon so lange gewartet hatte? Er hatte es ja immer schon gewusst. Jetzt war es also so weit. Das Glück war auf seiner Seite.

Ohne lange zu zögern oder auch nur einen Augenblick lang darüber nachzudenken, wie das Schiff und die ganzen frem-

den Männer in dieser einsamen Winternacht hierher gekommen waren, und wie seltsam die ganze Geschichte doch klang, tappte Schorsch nun hinter all den finsteren Gestalten den Steg hinauf.

Im Inneren des Schiffes brannten zwei, drei kleine Öllampen, in deren flackerndem Schein die Männer auf einer hölzernen Bank saßen, die an der Schiffswand entlang führte. Sie schwatzten und lachten, tranken Schnaps aus Flaschen, die von Hand zu Hand gingen und der eine oder andere von ihnen fiel mit rauer Stimme in die Melodie ein, die der Akkordeonspieler anstimmte. Alle hatten gute Laune und schienen sich auf das große Abenteuer, das vor ihnen lag, mächtig zu freuen. In der Mitte des Raumes befand sich ein Tisch an dem ein in einen schwarzen Kapuzenumhang gehüllter, alter Mann saß, in der Hand eine Feder, vor sich ebenfalls eine Flasche Schnaps, ein Tintenfass und ein Stapel mit Papieren. Er winkte einen nach dem anderen der Neuankömmlinge zu sich heran, schob ihnen eines der Pergamente hin, reichte ihnen die Feder und deutete mit seinem dürren Zeigefinger an die Stelle, an der die Unterschrift zu erfolgen hatte. »Da«, raunte er jedes Mal. »Da unterschreib', dann bist' dabei!«

Schließlich war die Reihe am Schorsch. Er trat näher an den Tisch heran, besah sich einen Moment lang das Papier, das ihm untergeschoben wurde. Aber so sehr er sich auch bemühte, er konnte nicht lesen, was darauf stand. Zwar sah er einige merkwürdige Zeichen und Lettern, aber keine Buchstaben, keine Worte, die er verstand, und wenn er glaubte, eine Zeile ausmachen zu können, verschwamm ihm alles vor den Augen. »Jetzt mach schon!«, brummte der Alte unter seiner Kapuze hervor. »Da warten schon andere. Da! Setz' den Namen hin, aber ein bisserl rasch!«

Schorsch griff nach der Feder und setzte sie an die angedeutete Stelle am Papier. Aber genau in diesem Augenblick überfiel ihn ein recht seltsames Gefühl. Jetzt plötzlich kam ihm doch alles sehr merkwürdig vor. Er hob noch einmal den Kopf, sah sich um, versuchte, die Gesichter der Männer auf der Bank zu erkennen, und da schien es ihm so, als wäre er nur von verzerrten, scheußlichen Fratzen umgeben. Das Herz schlug dem Schorsch bis zum Hals. Er beugte sich hinab zu dem Alten vor sich auf dem Stuhl, riss ihm die Kapuze vom Kopf und da grinste ihm auch schon ein bleicher Totenschädel mit leeren Augenhöhlen entgegen. Die Hand, die eben noch auf das Papier gezeigt hatte, war nicht von Fleisch und Haut umschlossen, sondern nur ein dürres Knochengerüst. Um den Schorsch herum erhob sich nun ein Raunen und Heulen; lautes, böses Kichern erklang; das Akkordeon spielte einen wilden Hexentanz, immer schneller und schneller. Die Männer erhoben sich von der Bank und bewegten sich mit schlurfenden Geräuschen auf den Schorsch zu, dem das Blut nun fast in den Adern gefror. Er griff nach der Flasche und schwang sie drohend über seinem Kopf. Blitzschnell wandte er sich um und lief zur Tür. Mit einem Ruck riss er sie auf und wollte sich nach draußen stürzen, aber da griffen ihn schon gierig ausgestreckte Hände: »Da bleibst', du unterschreibst und fährst mit uns zum Schwarzen Meer! Das hast dir doch immer gewünscht – oder?«

Mit aller Kraft wehrte sich der Schorsch, trat mit den Füssen wild um sich, schlug auf unzählige Knochenhände ein, die ihn schon gepackt hatten, und riss sich wieder los. Irgendwie schaffte er es schließlich, nach draußen zu taumeln. Mit einem Satz sprang er über die Reling des Schiffes und noch ehe die eiskalten Wogen des Inns über ihm zusammenschlugen, schwanden ihm schon vor Entsetzen die Sinne.

Der Schorsch musste in dieser Nacht einen sehr wachen Schutzengel gehabt haben. Am anderen Morgen fanden ihn einige Burschen aus dem Dorf immer noch besinnungslos und tropfnass am Ufer liegend. Seine Hand umklammerte mit aller Kraft eine Flasche Selbstgebrannten.

So lange der Schorsch lebte, hat er nie einer Menschenseele von seiner unheimlichen Begegnung mit der wilden Schifffahrt in jener unseligen Raunacht erzählt. Aber seit dieser Zeit war er wie ausgewechselt. Nachdem er sich soweit wieder erholt hatte, fing er gleich an, im väterlichen Betrieb mitzuarbeiten, den er nach dem Tod seines Vaters in vorbildlicher Weise weiterführte. Er heiratete ein fesches, blondes Mädchen aus der Nachbarschaft, gründete eine Familie und machte von nun an und für alle Zeiten um jedes Wirtshaus einen weiten Bogen.

3. ASTROLOGISCHE BEDEUTUNG

3.1 Saturn der/die HerrIn der Zeit

Mit der Wintersonnwende betritt die Sonne das Zeichen des Steinbocks. Wir befinden uns exakt gegenüber der beginnenden Krebsphase, jener Zeit, in der wir zur Sommersonnwende das Leben und die Fruchtbarkeit feiern. Im natürlichen Kreislauf ist dies jetzt die Zeit von Kälte, Erstarrung und Rückzug – aber auch innerseelisch geht es jetzt um Besinnung, not-wendigen Einschränkungen und das Zurückschrauben aller überbordenden Ego-Ansprüche. Im Gegensatz zur Mitsommerzeit bewegen wir uns jetzt nicht nach außen, in die heiße aktive Jahreszeit, die gekennzeichnet ist von den tatkräftigen Arbeiten auf dem Feld, sondern nach innen. Die Arbeiten draußen waren beendet und auch auf den Höfen, nachdem die Ernte verarbeitet und eingeteilt war, auf das Nötigste beschränkt. Eis, Schnee und mangelndes Tageslicht zwangen zu innerer Ruhe und Einkehr.

Dem Tierkreiszeichen Steinbock und seinem Herrscherplanet Saturn sind die Attribute der Kälte, der Klarheit, des Verzichts und der Beschränkung auf das Notwendige zugeordnet. Sein Refugium ist das 10. Haus. Mit ihm beginnt der kollektive Quadrant des Horoskops. Der Bereich der gesellschaftlichen Normen, der Anpassung an die soziale Gemeinschaft, dem Wirken im

Sinne einer funktionierenden Gesellschaft. Hier finden wir Gesetze und Gesetzmäßigkeiten, eine höhere Ordnung und ein Tun und Handeln aus vernünftigen, allen dienenden Überlegungen heraus und nicht aus persönlichen oder egoistischen Motivationen.

Saturn ist der Herr der Zeit und der Hüter der Schwelle. Er bildet die Grenze zwischen bewusster Wahrnehmung und kollektivem bzw. kosmischem Geschehen. Bei ihm lassen wir – im besten Falle - individuelles Wollen und obsessive Erwartungszwänge hinter uns. Erst in den Bereichen Saturns entscheidet sich, ob und wie wir am Ende dem größeren Ganzen dienen oder nur uns selbst. Kollektives Bewusstsein als Vorstufe unserer spirituellen Entwicklung. Sind wir bereit, eine übergeordnete Position verantwortungsvoll zum Wohle aller einzunehmen? Dann ist hier kein Raum mehr für infantile Egoansprüche. Sind wir nicht bereit, diese zum Wohle der Gemeinschaft zurückzuschrauben, dann kann und wird auch unsere spirituelle Entwicklung nur auf dem Niveau eines angesagten Partyspiels bleiben.

Saturn prüft uns immer auf unsere Reife und unsere Fähigkeit Verantwortung für uns selbst und die Gemeinschaft in der wir leben, zu übernehmen. Er durchkreuzt oft unsere persönlichen Pläne, bringt sie zum Scheitern oder verzögert sie. Dadurch zwingt er uns zum Umdenken, zu Überprüfung und zur Einkehr. Er konfrontiert uns gnadenlos mit unseren Schwächen. Durch ihn zeigt sich, ob wir fähig sind zu sozialem, gemeinschaftlichem, lebensdienlichem Handeln oder ob wir uns entweder nur um uns selbst und unsere eigenen Bedürfnisse kümmern oder uns im »Klein-Klein« überholter Vorschriften, toter Paragrafen und lebensfeindlicher Hierarchien verlieren. Aber »lebensfeindlich« erscheint uns nur das, was nicht einer lebendigen Ordnung folgt und wir das Gefühl für die immerwährenden Rhythmen verloren haben.

Der Herrscher der raunächtlichen Zeitqualität mahnt uns also zu Einschränkung und Rückbesinnung auf das Wesentliche.

In der traditionellen, klassischen Astrologie galt Saturn lange Zeit ausschließlich als Übeltäter. Eine herausragende Stellung im Horoskop, Planeten, die durch ihn aspektiert wurden oder seine Erlebensformen während eines Transites oder einer Auslösung waren i.d.R. negativ besetzt und wurden mit schwerwiegenden, hemmenden oder strafenden Erfahrungen in Verbindung gebracht.

Im Zuge der individualisierten und zunehmend egozentrierten Auslegung der Astrologie versuchte man in der Folge, diesen negativen Determinismus zu entkräften, indem man Saturn ausschließlich positive Attribute zuwies: Konzentration, Kraft, Ausdauer, Erfolg und Zielstrebigkeit.

Aber im Grunde ist jede dieser Zuordnungen nur einseitig und wird damit der Thematik und seiner durchaus ambivalenten Kraft, um die es innerhalb der Planetenenergien geht, nicht gerecht. Saturns Energie lässt sich am besten damit beschreiben, dass er durch seine Transite und Auslösungen genau dort gibt, wo ein ungesunder Mangel herrscht, aber auch gnadenlos in jenen Bereichen nimmt und reduziert, wo es ein eindeutiges Zuviel gibt. Genau darin spiegelt sich auch das kosmische Wirkprinzip der heiligen Percht.

Im Geburtshoroskop markieren der Bereich des Steinbocks und die Stellung Saturns für uns jene Lebensbereiche, die größere Anstrengung erfordern, mehr Einschränkungen und Ernsthaftigkeit mit sich bringen und sicherlich auch mit mehr Überwindung von Hindernissen verbunden sind, als andere. In seinem Refugium wird von uns Disziplin, Ausdauer und Realitätssinn erwartet. Aber diese Eigenschaften entwickeln sich nicht von alleine. Häufig ist es ein schwerer, einsamer Weg, den wir durch saturnische Prüfungen gehen. Er wirft uns zurück auf unser tiefstes Sein. Er zwingt uns zu Rückzug und Innenschau und stellt uns die Frage nach unserem Handeln in der Welt.

»Wo Saturn sitzt, sitzt die Angst«[16] – genau das drückt aus, worum es hier geht: Saturn fordert uns. Er zahlt keinen Vorschuss. Er erwartet Geduld, Anpassung und Verantwortungsgefühl, er fordert den Verzicht auf unsere Egoansprüche und er zwingt uns dazu, innezuhalten, dort wo wir nur allzu gerne nach vorne preschen und unsere individuellen Ziele verfolgen wollen. Dort bremst er uns ein und zwingt uns sein erzieherisches Maß auf.

Aber genau das macht uns in einer Zeit, in der es uns schwerfällt, an schicksalhafte Entwicklungen im Leben zu glauben, die außerhalb unseres Wollens liegen, große Probleme. Wir wollen ohne Widerstände durchs Leben gehen – zumindest ohne solche, die wir nicht selbst kontrollieren können - wir wollen all unsere Vorhaben verwirklichen, vor allem Dingen die Pläne, die unser Ego uns eingibt. Wir sind überzeugt davon, dass wir ein Recht auf ein glückliches, erfolgreiches Leben haben. Der Lebensweg als Autobahn, auf der wir mit Vollgas unsere Ziele erreichen. Wir akzeptieren kein Scheitern mehr, keine Verzögerungen, keine Verluste. Bei uns selbst nicht und auch nicht bei anderen. Für jeden, der in unserer Umgebung leidet, verliert oder scheitert, haben wir psychologische oder esoterische Erklärungen parat, um Schuld und Unwillen zu unterstellen, und uns selbst in der illusionären Seifenblase verharren lassen, durch richtiges Denken und vor allem durch unser Wollen, seien wir vor Schicksalsschlägen oder höherer Gewalt gefeit. Der Mensch des Wassermannzeitalters, scheint seine saturnische Lektion verlernt zu haben. Er verdrängt sie ins Reich des Vergessens. Alles, was nicht seinen individuellen Zielen dient, hat für ihn an Wertigkeit verloren. Wie

Prometheus[*] glaubt er, es genüge, den Göttern das Feuer zu stehlen und übersieht dabei, dass er sich dadurch am Ende selbst bestraft. Er glaubt, alle Kräfte in seinem Sinne handhaben und alles erreichen zu können, was sein Wille ihm als Ziel vorgibt.

»Wer will, der kann auch und wer nicht kann, hat es nicht wirklich gewollt.« So einfach ist das!

Aber ist das auch noch einfach, in einer immer komplexer werdenden Welt? In einer Welt, in der immer mehr zu Verlierern werden und sich immer weniger auf die Siegerseite zählen dürfen? Verlangt das, was wir täglich in den Nachrichten sehen, was mit unseren Menschen- und Tierrechten geschieht, was wir unserer Umwelt antun, nicht endlich auch nach einem Umdenken? Vor allem nach einem Umdenken innerhalb der Astrologie, da sie doch die Lehre der Zeitqualität und der natürlichen Rhythmen schlechthin ist?

Natürlich können wir das Thema des Prometheus, welches unzweifelhaft ein Thema des Wassermannzeitalters ist, als Befreiung von zu engen und zu rigid gewordenen saturnischen Zwängen deuten, die in einer neuen Ära wichtig und notwendig

---

[*] *Prometheus aus dem Göttergeschlecht der Titanen stahl Zeus das Feuer und brachte es zu den Menschen. Zur Strafe dafür wurde er an einen Felsen gekettet. Ein Adler fraß täglich seine Leber, die in der Nacht wieder nachwuchs. Der Mythos des Prometheus gilt in der Astrologie als einer der Archetypen des Wassermannprinzips.*

ist, um neue Entwicklungen voranzutreiben. Alte, überholte und vor allem lebensfeindlich gewordene Regeln aufzubrechen, und zu verändern ist die Aufgabe des Wassermannes. Dennoch dürfen wir hier nicht übersehen, dass erwachsenes wassermännisches Handeln einem Handeln im Sinne einer gleichberechtigten Gesellschaft entspricht. Wassermännische Freiheit geht immer einher mit Gleichheit und Brüderlichkeit. Das Übergehen natürlicher Ordnungsprinzipien aus individuellen Bedürfnissen und reinem Egoismus heraus, stellt kein erwachsenes oder erlöstes Prinzip des Wassermannes dar. Das Hinwegsetzen über ethische, soziale und gesellschaftliche Regeln, der »Alles-ist-machbar-Wahn« von Technokraten und Wissenschaft sind eindeutige Zeichen pervertierter Wassermann/Uranus-Qualität, die keinerlei Verantwortung aus der Steinbock/Saturn-Epoche bewahrt hat. Die Folge davon im Bereich von Fische/Neptun: Chaos, Umweltverschmutzung, Seuchen, Flüchtlingsströme und immer mehr Menschen am Rande der Gesellschaft, die dem herrschenden Druck nicht mehr standhalten. Weit entfernt von spiritueller Erlösung und All-Einheit.

Wer sich von den überflüssigen Zwängen des Saturns befreien will, muss die notwendigen Regeln, die ein Zusammenleben in einer Gesellschaft gerecht und sozial gestalten erst einmal grundlegend akzeptieren und anerkennen. Er muss ungesunden Egoismus ablegen und erkennen, dass er nicht mehr, als ein

149

Teil dieser Gemeinschaft ist. Tut er das nicht, gefährdet er auf lange Sicht ihr Überleben und damit sein eigenes.

Unsere Vorstellungen, dass allein unsere mentale Haltung über unser Schicksal entscheidet und vor allem, die kläglichen Erklärungsversuche für alle, denen das nicht gelingt, sind jedoch nichts anderes, als *Pfeifen im Dunkeln*. Unser Denken - und vor allem unsere erzwungene positive Erwartungshaltung – wird für uns zu einem Talisman, einem Breverl[*], dessen magische Wirkung uns vor schicksalhaften Entwicklungen schützen soll.

Wir tragen unsere mentale Vorstellungskraft, die wir zur Verwirklichung unserer persönlichen Wünsche einsetzen, wie eine Monstranz vor uns her und glauben, sie allein könnte uns vor schicksalhafter Erfahrung hüten.

Natürlich darf dabei die psychische Wirkung, die der Glaube an positive Entwicklungen entfalten kann, nicht unterschätzt werden. Die bewusste Ausrichtung unserer Aufmerksamkeit auf

---

[*] *Breverl – ein mit Bitt- und Bannsprüchen versehener Schutzbrief, der, zusammen mit heidnischen Ritualgegenständen, Kräutern oder Wurzeln i.V.m. religiösen Marienabbildungen in kleine Blechschächtelchen gelegt oder oft auch in kostbare, bestickte Brokattäschchen gehüllt, vor Unheil schützen soll. Um seine Wirkung zu verstärken, wurden sie häufig unter einem Gebetbuch oder Tuch verborgen während der Messe dem Priester zum Segen entgegengehalten. Diese Breverl fanden meist in überwiegend katholischen Gegenden, wie Bayern und Österreich Verwendung und zeigen die Verknüpfung von Religion und altem heidnischen Aberglauben. Bezeichnenderweise bieten heute einzelne katholische Klöster Kurse darin an, wie ein solcher Bittbrief gestaltet werden kann, und tragen damit der allgemeinen Sehnsucht nach Mystik und magischen Ritualen Rechnung.*

positive, lichtvolle Erfahrungen und Bereiche unseres Lebens ist ein wichtiger und sehr heilsamer Prozess. Wir sollten uns lediglich davor hüten, dass dies uns zur Selbstlüge und der Be- oder Verurteilung anderer gegenüber verführt.

Wir sehen also, dass wir – trotz Aufklärung und Fortschritt – in unserem Denken gar nicht so weit von unseren Ahnen entfernt sind. Auch wenn unsere alltäglichen Herausforderungen, die Bedrohungen, die uns umgeben, nicht mehr in Gestalt einer wilden, über die Himmel reitenden Geisterhorde erscheinen, sondern ganz real als Themen, die unseren Alltag bestimmen, wie Hungersnöte, Flüchtlingsströme, Massentierhaltung, Klimawandel, Kriege und Katastrophen über Nachrichten, Zeitungen und Medien in unser Bewusstsein rücken. Der Unterschied zwischen uns und unseren Altvorderen mag kleiner sein, als wir denken. Wir täten oft gut daran, die Vorstellung an das Wirken einer übergeordneten Instanz zuzulassen – selbst wenn sie nur dazu dient, unser kollektives Verhalten wieder zu hinterfragen und in ethischere Bahnen zu lenken. Auch und gerade, wenn wir uns als freie Individuen des Wassermannzeitalters fühlen, dürfen wir die Notwendigkeit saturnischer Verantwortlichkeit – die wir der Gemeinschaft gegenüber haben – nicht verdrängen.

Der Glaube an das Wirken der Percht mit ihren saturnischen Regeln, Ge- und Verboten, das Ausgeliefertsein an die natürlichen

Gegebenheiten, die bedrohliche Düsternis der langen Winternächte – all das trug früher dazu bei, den Menschen als Individuum wieder auf seinen Platz zu stellen, von dem aus er sich nicht über die Natur oder die Gemeinschaft erhob.

Die Gesetze des Saturns sind die Gesetze der Percht – sie sind die Ordnungen des Universums, die den gesamten Lebensprozessen dienen und die in jedem von uns verankert sind. Die Stille der Raunächte kann uns dazu verhelfen, das ursprüngliche Verständnis wieder herzustellen, uns *rück*-zu-besinnen und uns erneut mit ihnen zu verbinden.

3.2   Frau Percht als saturnische Hüterin

Saturn, so sagt man, sei der Hüter der Schwelle, der Herrscher der Zeit und der Herr über das Karma.

Nehmen wir es jedoch genau, dann finden wir in Saturn keinen »Herren«, sondern eine »Herrin«. Steinbock ist ein weibliches Zeichen – und somit treffen wir hier auf eine Herrscherin, wie sie uns auch in der Gestalt der hohen Frau Percht begegnet.

Sie, die Große Mutter, verbindet in ihrem Wirken mondische Mütterlichkeit mit saturnischer Ordnung. Ihre Macht begegnet uns immer sowohl lebensspendend als auch todbringend und abgründig.[*]

Mondische Fürsorge und Geborgenheit finden wir bei ihr dann, wenn wir die allen dienenden saturnischen Gesetzmäßigkeiten begriffen und verinnerlicht haben. Erst die Verbindung der sich im Tierkreis gegenüberliegenden Zeichen von Steinbock und Krebs (Achse 4/10) schafft diese ganzheitliche Verbindung.

Die Percht ist die übergeordnete Instanz (Haus 10), die darüber wacht, dass all ihre Wesen geschützt und behütet sind. Unter ihrem weiten, prächtigen Himmelsmantel hütet sie nicht nur die

---

[*] *Nach heutiger astrologischer Auslegung symbolisieren diese Muttergottheiten immer auch plutonische Qualitäten. In der klassischen Astrologie galt bis zur Entdeckung Plutos (18.02.1930) ausschließlich Saturn als der Planet, dem Prozesse wie Abschied, Trauer und Tod zugeordnet waren.*

»seligen Heimchen«, also die Seelen aller verstorbenen Kinder, die wieder zu ihr zurückkehren, um dort ewige Geborgenheit zu finden; nein, sie hütet dort jedes lebende Wesen (Haus 4), ob Mensch, ob Tier, ob Pflanze und jedes hat seine gleich-wertige Daseins-Berechtigung. Genau deshalb kann und darf von ihr auch nicht geduldet werden, dass eines dieser Wesen seine eigenen Belange und Bedürfnisse über die der anderen stellt. Wie eine irdische Mutter in der Familie sorgt sie für einen gerechten Ausgleich innerhalb des großen kosmischen Geschehens.

Die Spindel der alten weisen Frau ist das Zeichen der Ordnung und verlangt nach Klarheit - genau, wie Saturn. Wer den Mut hat, sich der Aufforderung zu Gerechtigkeit und Gemeinschaftssinn zu beugen, d.h. seine Egoansprüche freiwillig – zumindest zeitweise – zurückschraubt, wird selbst zu dieser Klarheit finden. Sie ist nichts anderes, als die Strenge eines Winters, die Dunkelheit der langen Nächte, in der wir nach Hoffnung auf neue Wärme und neues Licht suchen und am Ende auch wieder finden. Wie außen – so innen.

So wie im Jahreslauf der Winter den Menschen in früheren Zeiten mehr oder weniger dazu gezwungen hat, sich dieser Aufforderung zum Rückzug zu unterwerfen, so fordert uns Saturn in unseren individuellen Horoskopen in unterschiedlichen Phasen dazu auf, nach innen zu gehen, das All-eins-sein mit uns selbst anzunehmen, um zu erkennen, dass wir im Grunde mit allem eins sind.

Während wir jedoch während individueller Saturnprozesse – ob Auslösungen, Transite oder Progressionen – meist unversehens mit Aufgaben konfrontiert sind, die unsere gesamte Aufmerksamkeit fordern oder die uns – je nach Stärke – mitunter auch in tiefe seelische Krisen oder depressive Verstimmungen stürzen können, bieten uns die Raunächte Gelegenheit, uns ganz bewusst einzulassen in dieses Erspüren der kosmischen Ordnung. Und hierzu ist nichts anderes nötig, als wahrhaft in die Stille zu gehen und darauf zu lauschen, was »*wirk*«-lich ist und nicht auf das, was wir uns wünschen.

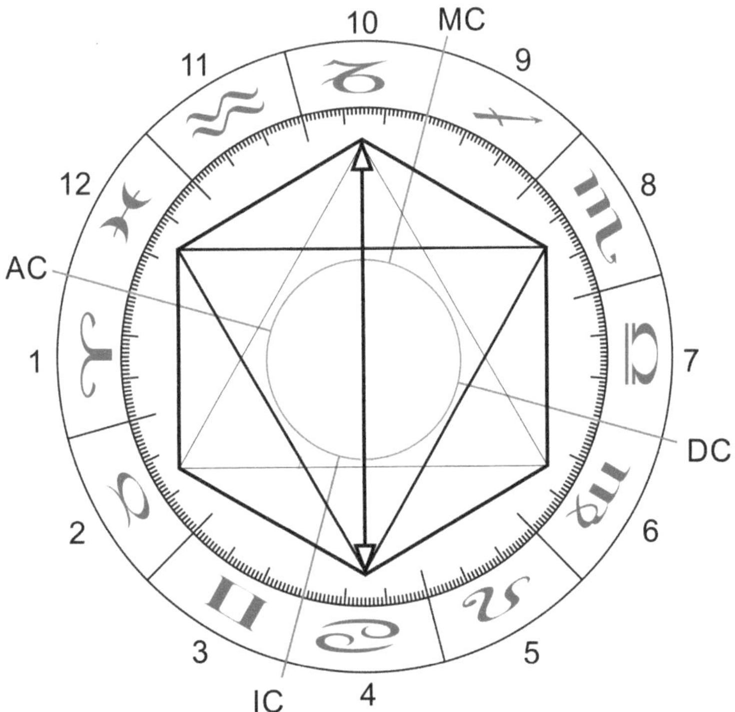
MC
10
11
9
12
8
AC
1
7
DC
2
6
3
5
IC
4

3.3   Die Kraft der weiblichen Zeichen

Die Percht stellt also einen göttlichen Avatar für die über-
individuellen Prozesse dar, die sich aus der harmonischen Verbindung von Haus 10 (Saturn) zu Haus 4 (Krebs) und von dort
über einen Trigon- bzw. Sextilaspekt zu den beiden weiteren
Wasserhäusern – den passiv weiblichen – 8 (Pluto/Skorpion)
und 12 (Neptun/Fische) und den Erdhäusern (Stier und Jungfrau) ergibt.

Die Grundthemen dieser weiblichen Häuser und Zeichen sind
die Empfindungen, Gefühle und Emotionen, nicht die Handlungen und auch nicht der Intellekt. Der folgerichtige und in sich
logische Ablauf der Häuser steht für unsere innerseelische Entwicklung, die vom Ich-Bereich der individuellen Quadranten 1-2
(physisch + psychisch) auf die Du-Bereiche der Quadranten 3-4
(geistig + kollektiv) wirken.

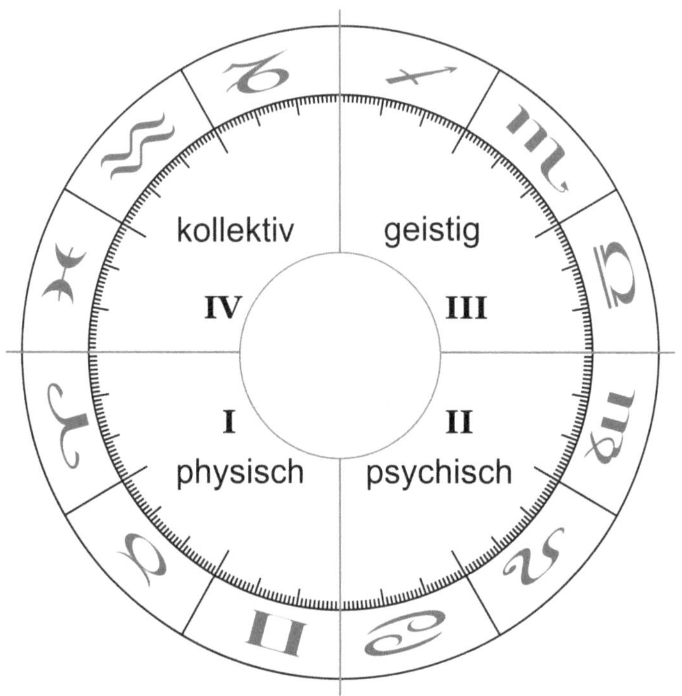

Abb. 3.3.1: 4 Quadranten

In der Qualität der männlich-aktiven Zeichen sind wir einerseits mit unserem Wollen verbunden, andererseits stehen wir i.d.R. in einem ständigen Austausch mit der Welt, weshalb uns die bewusste Wahrnehmung dieser Energien oft leichter fällt bzw. in ihnen für uns oft klarer erkennbare Lernaufgaben widergespiegelt werden.

Anders jedoch bei den weiblichen Zeichen. Sie erfahren wir – vielleicht mit Ausnahme der rein körperlichen Erscheinungsformen – im Bereich der Empfindungen und des Gefühls. Hier herrscht grundsätzlich mehr Subjektivität und Unsicherheit, was die eigene Haltung betrifft.

Letztendlich jedoch ist eine ausgewogene Wechselwirkung zwischen männlich/aktiven und weiblich/passiven Energien zu unserer seelischen und körperlichen Gesunderhaltung zwingend erforderlich.

Gerade deshalb mag es wichtig erscheinen, dass es Phasen gibt, in denen wir uns von den aktiven Handlungen, von den Anforderungen der äußeren Welt zurückziehen, um unsere Emotionen wieder zu klären, sie vom Sumpf der Subjektivität zu befreien, um wieder mehr zu einer inneren und äußeren Beheimatung zu finden.

Auch hier hilft uns der stringente Ablauf, die in sich logische Abfolge des Tierkreises, zu einem besseren Verständnis:

Während der Krebs sich meist um sein eigenes seelisches Wohlergehen bzw. um das seiner nächsten Angehörigen sorgt (sein Refugium befindet sich schließlich am tiefsten persönlichen Punkt unseres Horoskops), schöpft der Skorpion seine Kraft bereits aus der Fähigkeit zur Bindung an einen Partner, eine systemische Gemeinschaft oder mitunter auch an eine bestimmte Ideologie. Im Bereich des Fisches schließlich sind die Grenzen soweit aufgelöst, dass er sich nicht nur mit der gesamten Welt, sondern sogar mit der Alleinheit des Kosmos verbinden möchte.

Wir entwickeln uns also innerhalb der Wasserhäuser bzw. -zeichen von der individuellen Wahrnehmung unserer individuellen Bedürfnisse hin zu der Erfahrung, dass diese nicht mehr - und auch keine größere - Bedeutung und Wertigkeit haben, als alles was uns umgibt.

Wir sind Teil des Ganzen.

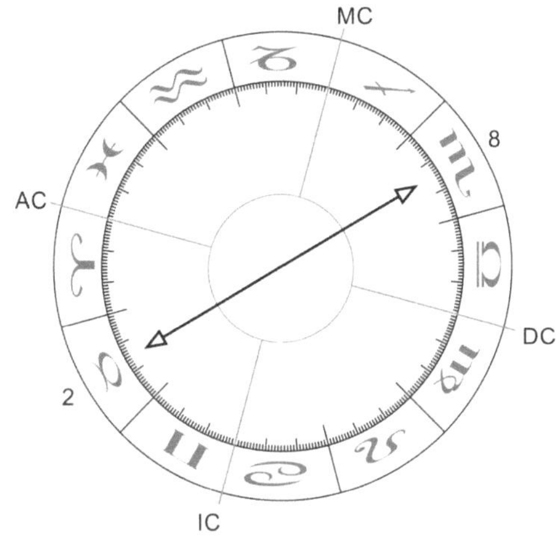

Abb. 3.3.2: Achse Haus 2 – Haus 8

Erde (Quadrant I/physisch)
Wasser (Quadrant III/geistig)

Im (Erd-)Zeichen des *Stieres* (Haus 2) beginnen wir unsere persönlichen Grenzen zu erspüren. Die Erfahrungen in diesem Bereich spiegeln unser Sicherheitsbedürfnis und unser Werteverständnis. Wie viel materieller oder körperlicher Besitz ist für uns nötig, um uns sicher zu fühlen? Was verschafft uns Genuss und Sinnlichkeit? Und ab wann schadet ein Zuviel oder ein Zuwenig unserem Selbst auf körperlicher Ebene?

Erst im gegenüberliegenden (Wasser-)Zeichen des *Skorpions* (Haus 8) wird sich zeigen, ob wir auch bereit sind, diese persönlichen Grenzen zu Gunsten einer Beziehung aufzuweichen und unseren Besitz zu teilen. Je nach dem, wie stark unser Egoanspruch auf der einen oder unsere Obsessionen, unser Verlangen nach Bindung und Symbiose auf der anderen Seite sind, fordert uns die Verbindungsachse dieser beider Zeichen auf, Kompromisse zu finden, die beiden Seiten gerecht werden.

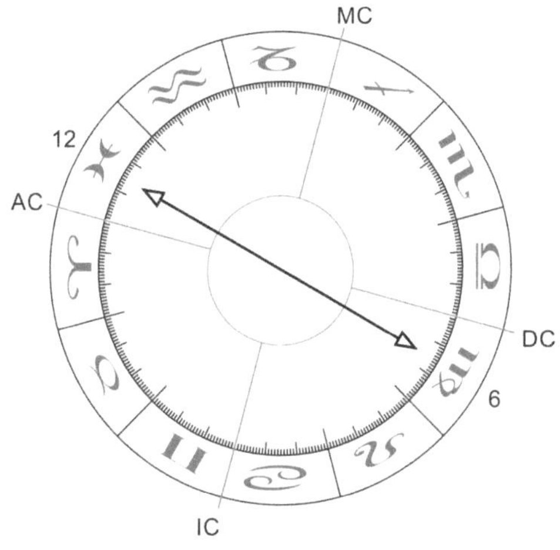

Abb. 3.3.3: Achse Haus 6 – Haus 12

Erde (Quadrant II/psychisch)
Wasser (Quadrant IV/kollektiv)

Im (Erd-)Zeichen *Jungfrau* (Haus 6) beginnen wir die Prozesse der vorangegangenen Zeichen und Häuser zu assimilieren. Wir schaffen Ordnungen, die unseren Alltag regeln und unserer Gesundheit dienen. Die *Jungfrau* ist das Zeichen der inneren Ordnung, der inneren Einteilung. Im Jahreslauf markiert die Phase der *Jungfrau* jene Zeit, in der die Ernte eingebracht wird. Jetzt muss darüber entschieden werden, wie die Vorräte einzu-

163

teilen sind, damit sie auch über einen noch so strengen Winter reichen. Nötige Rücklagen sind zu bilden, die am Ende für alle reichen und nicht nur für unsere eigenen Bedürfnisse.

Die Arbeit am eigenen System (*Jungfrau*/Haus 6) wird am Ende zur Arbeit am ganzheitlichen System, welches dem (Wasser-)Zeichen *Fische* (Haus 12) entspricht. Eine gesunde *Jungfrau*-Energie erfordert also auch ein gewisses Maß an Verzicht zugunsten des Unbekannten (*Fische*/Neptun). Aber dieses »Unbekannte« führt uns auch deutlich vor Augen, dass sich nicht alles einordnen, planen und vorbereiten lässt. Um sich dem Leben mit all seinen Herausforderungen zu stellen, brauchen wir immer auch ein wenig (Ur-)Vertrauen (*Fische*) darin, dass die Dinge sich wieder fügen. Dem *Jungfrau*-Prinzip fällt es oft schwer, dieses Vertrauen zu entwickeln, es vertraut mehr in die eigenen Fähigkeiten. Alles, was nicht geordnet, geplant und eingeteilt werden kann, schafft Ängste. Die Verbindung der Achse 6-12 lehrt uns das richtige Maß zwischen bewusster Ordnung und gesundem Chaos.

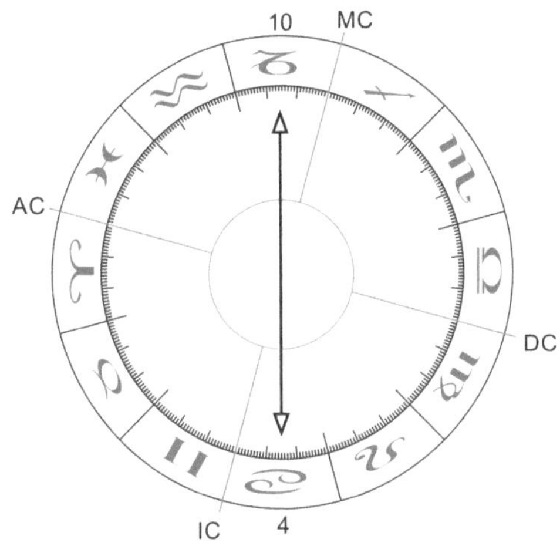

Abb. 3.3.4: Achse Haus 10 – Haus 4

Erde (Quardant IV/kollektiv)
Wasser (Quadrant II/psychisch)

Im (Erd-)Zeichen *Steinbock* (Haus 10) befinden wir uns im Bereich der übergeordneten Regelungen. Die Ordnungen, die hier herrschen, betreffen nicht mehr nur das tägliche Klein-Klein der Jungfrau. Es geht hier um höhere Ordnungen, um Regeln und Gesetze, die das gesellschaftliche Miteinander im besten Falle gerechter gestalten. Hier ist die Anpassung an das System gefordert, nachdem unser gesellschaftliches Sein geordnet ist. In diesem Bereich zeigt sich, wie stark unser Bedürfnis nach übergeordneter

Sicherheit ausgeprägt ist, ob wir bereit sind, Regeln und Gesetze (*Steinbock*) über seelische Bedürfnisse (*Krebs*) zu stellen oder wieweit unsere Sehnsucht nach der Befriedigung unserer Belange (*Krebs*) denen der Gemeinschaft (*Steinbock*) im Wege stehen.

Im mondischen Zeichen des *Krebses* (Haus 4) zeigt sich, inwieweit wir in der Lage sind, diesen beiden Energien – für uns persönlich, aber auch für die Gemeinschaft, in der wir leben – einen ausgeglichenen und gerechten Rahmen zu geben.

*

Der von der Percht geforderte Rückzug gibt uns gerade in der Zeit der Raunächte Gelegenheit, uns dieser Kraft der weiblichen Zeichen wieder bewusst zu werden. Jetzt haben wir die Gelegenheit, in diese Gefühle der Zugehörigkeit hinein zu spüren, neue, dem Leben dienende Ordnungen entstehen zu lassen und die Grenzen zwischen Innen- und Außenwelt wieder wahrzunehmen und sie – abseits aller Aufgaben und Pflichten des Alltags – erneut zu definieren. Die Zeit der Weihe-Nacht, in der wir uns gegenseitig beschenken und Gutes tun, ist eine Art Erinnerung an die Liebe und gegenseitige Wertschätzung, die wir uns oft im Laufe des Jahres schuldig geblieben sind.

4. WEISHEIT DER MÄRCHEN

Ähnlich, wie die Astrologie, beinhalten auch die kollektiv überlieferten Märchen über ihre Symbole und Bilder einen allumfassenden Zugang zu allen Bereichen der Schöpfung. In vielen von ihnen haben sich – unerkannt und verborgen – alte Glaubensvorstellungen und spirituelle Weltsichten bewahrt. Aber nicht nur das: Märchen sind in ihrer zeitlosen, kollektiven Bildsprache unabhängig von historischen Entwicklungen auf jede noch so aktuelle soziale, politische oder gesellschaftliche Erscheinungsform übertragbar. Wie die Zuordnungsketten der Astrologie, welche die Manifestationen der jeweiligen Planetenenergien erklären, sind auch die Symbole der Märchen und Mythen grenzenlos durch empirische Beobachtung erweiterbar.

Unabhängig von ihrer zeitlichen Qualität spiegeln sich darin alle Erfahrungen, die wir Menschen auf unserem Lebensweg machen, alle geistigen und seelischen Herausforderungen, die uns dabei begegnen.

Märchen sind Vor-Bilder für die innere Sehnsucht und Notwendigkeit der Menschen nach individueller, kollektiver und spiritueller Entwicklung und sie geben uns Rat darin, wie wir diese – völlig unabhängig von gesellschaftlichen Moden und Trends – auf eine für Körper, Seele, Geist und Gemeinschaft heilsame und nachhaltige Art, durchlaufen können.

Jede archetypische Erzählung besitzt eine innere Struktur, die mit den unbewussten Inhalten unserer Seele korrespondiert und sie tut dies ohne zu moralisieren und ohne zu werten.

Vielleicht mag diese Wertungsfreiheit nicht immer gleich augenscheinlich sein – können wir uns doch einer gewissen Schadenfreude nicht erwehren, wenn wir am Ende eines Märchens den vermeintlichen Bösewicht einer gerechten Strafe ausgesetzt sehen.

In der Märcheninterpretation jedoch gibt es diese Trennung zwischen Gut und Böse nicht. Wie in vielen Therapieansätzen - und i.d.R. auch in der astrologischen Sichtweise – gilt hier der Grundsatz, dass alles, was sich im Inneren eines bestimmten archetypischen Kontextes befindet, zwangsläufig Teil der eigenen Persönlichkeit ist. Wir sind also immer auch die bösen Stiefmütter, die neidischen Schwestern, die grausamen Väter. Sie alle sind nichts anderes als abgespaltene Teile unserer eigenen Psyche – jene Anlagen also, die wir nicht genügend ausgebildet haben, denen wir keine Aufmerksamkeit schenken und die sich auf verdeckten Wegen am Ende gegen uns selbst richten. Sie sind geboren aus all den Dingen, die wir bewusst unterlassen, sie spiegeln unseren eigenen Neid, unsere Gier und unsere Ängste. Alles das also, was wir so leicht am Anderen wahrnehmen, bei uns selbst jedoch am Liebsten verleugnen.

Märchen zeigen uns, wie wir sind - in all unsere Facetten. Sie machen uns auf unsere Talente aufmerksam, aber auch auf unsere Fehler, unsere Vermeidungstaktiken und unsere Verweigerung den sozialen Systemen gegenüber, in denen wir uns bewegen. Das müssen wir mit einbeziehen, wenn wir aus einem Märchen eine wirkliche Lehre ziehen wollen.

Insofern bieten manche der alten Märchen sehr genaue Hinweise darauf, wie wir als Gemeinschaft funktionieren können – auch in einer Gemeinschaft mit den Herausforderungen und Krisen der heutigen Zeit.

Ein Märchen, das besonderes die mondische Energie der Raunächte spiegelt, ist das alte Märchen der »Frau Holle«.
Die Reise der Märchenheldin zur alten, weisen Frau kann uns alle wieder daran erinnern, Verantwortung für uns selbst und für das große Ganze zu übernehmen und die richtigen Dinge – für uns selbst und für das System – zur richtigen Zeit zu tun.

4.1   Frau Holle

Eine Witwe hatte zwei Töchter, davon war die eine schön und fleißig, die andere hässlich und faul. Sie hatte aber die hässliche und faule, weil sie die rechte Tochter war, viel lieber, und die andere musste alle Arbeit tun und das Aschenputtel im Hause sein. Das arme Mädchen musste sich täglich auf die große Straße bei dem Brunnen setzen und musste so viel spinnen, dass ihm das Blut aus den Fingern sprang.

Nun trug es sich zu, dass die Spule einmal ganz blutig war, da bückte es sich damit in den Brunnen und wollte sie abwaschen; sie sprang ihm aber aus der Hand und fiel hinab.

Es lief zur Stiefmutter und erzählte ihr das Unglück. Die schalt es aber so heftig und war so unbarmherzig, dass sie sprach: »Hast du die Spule hinunterfallen lassen, so hol sie auch wieder herauf!«

Da ging das Mädchen zu dem Brunnen und wusste nicht, was es anfangen sollte; und in seiner Herzensangst sprang es in den Brunnen hinein, um die Spule zu holen.

Es verlor die Besinnung, und als es erwachte und wieder zu sich selber kam, war es auf einer schönen Wiese, wo die Sonne schien und vieltausend Blumen standen. Auf dieser Wiese ging es fort und kam zu einem Backofen, der war voller Brot und das Brot aber rief:

»Ach, zieh mich raus,
zieh mich raus,
sonst verbrenne ich!
Ich bin schon längst ausgebacken.«

Da trat es herzu und holte mit dem Brotschieber alles nacheinander heraus. Danach ging es weiter und kam zu einem Baum, der hing voller Äpfel und der rief ihm zu:

»Ach, schüttel mich,
schüttel mich!
Wir Äpfel sind alle miteinander reif!«

Da schüttelte es den Baum, dass die Äpfel fielen, als regneten sie, und schüttelte, bis keiner mehr oben war; und als es alle in einen Haufen zusammengelegt hatte, ging es weiter. Endlich kam es zu einem kleinen Haus, daraus guckte eine alte Frau, weil sie aber so große Zähne hatte, ward ihm Angst und es wollte fortlaufen. Die alte Frau aber rief ihm nach: »Was fürchtest du dich, liebes Kind? Bleib bei mir, wenn du alle Arbeit im Haus ordentlich tun willst, so soll es dir gut gehen. Du musst nur achtgeben, dass du mein Bett gut machst und es fleißig schüttelst, dass die Federn fliegen, dann schneit es in der Welt. Ich bin die Frau Holle.«
Weil die Alte ihm so gut zusprach, so fasste sich das Mädchen ein Herz, willigte ein und begab sich in ihren Dienst. Es besorgte auch alles nach ihrer Zufriedenheit und schüttelte ihr das Bett immer gewaltig, auf dass die Federn wie Schneeflo-

cken umherflogen; dafür hatte es auch ein gut Leben bei ihr, kein böses Wort und alle Tage Gesottenes und Gebratenes.

Nun war es eine Zeit lang bei der Frau Holle, da war es traurig und wusste anfangs selbst nicht, was ihm fehlte. Endlich merkte es, dass es Heimweh war, obwohl es ihm hier viel tausendmal besser ging als zu Haus, so hatte es doch Verlangen dahin.

Endlich sagte es zu ihr: »Ich habe Jammer nach Haus gekriegt, und wenn es mir hier unten noch so gut geht, so kann ich doch nicht länger bleiben, ich muss wieder hinauf zu den meinigen.«

Die Frau Holle sagte: »Es gefällt mir, dass du wieder nach Hause verlangst und weil du mir so treu gedient hast, so will ich dich selbst wieder hinaufbringen.«

Sie nahm es darauf bei der Hand und führte es vor ein großes Tor. Das Tor ward aufgetan und wie das Mädchen gerade darunter stand, fiel ein gewaltiger Goldregen und alles Gold blieb an ihm hängen, sodass es über und über davon bedeckt war. »Das sollst du haben, weil du so fleißig gewesen bist«, sprach die Frau Holle und gab ihm auch die Spule wieder, die ihm in den Brunnen gefallen war. Daraufhin ward das Tor verschlossen und das Mädchen befand sich oben auf der Welt nicht weit von der Mutter Haus; und als es in den Hof kam, saß der Hahn auf dem Brunnen und rief:

»Kikeriki,
unsere goldene Jungfrau ist wieder hie!«

Da ging es hinein zu seiner Mutter und weil es so mit Gold bedeckt ankam, ward es von ihr und der Schwester gut aufgenommen.

Das Mädchen erzählte alles, was ihm begegnet war und als die Mutter hörte, wie es zu dem großen Reichtum gekommen war, wollte sie der anderen, hässlichen und faulen Tochter gerne dasselbe Glück verschaffen. Sie musste sich an den Brunnen setzen und spinnen; und damit ihre Spule blutig ward, stach sie sich in die Finger und stieß sich die Hand an der Dornenhecke. Dann warf sie die Spule in den Brunnen und sprang selber hinein. Sie kam, wie die andere, auf die schöne Wiese und ging auf demselben Pfad weiter. Als sie zu dem Backofen gelangte, schrie das Brot wieder:

> *»Ach, zieh mich raus,*
> *zieh mich raus,*
> *sonst verbrenn ich!*
> *Ich bin schön längst ausgebacken.«*

Die Faule aber antwortete: »Da hätt' ich Lust, mich schmutzig zu machen«, und ging fort. Bald kam sie zu dem Apfelbaum, der rief:

> *»Ach, schüttel mich,*
> *schüttel mich!*
> *Wir Äpfel sind alle miteinander reif!«*

Sie antwortete aber: »Du kommst mir recht! Es könnte mir einer auf den Kopf fallen«, und ging damit weiter.

Als sie vor der Frau Holle Haus kam, fürchtete sie sich nicht, weil sie von ihren großen Zähnen schon gehört hatte und verdingte sich gleich zu ihr.

Am ersten Tag tat sie sich Gewalt an, war fleißig und folgte der Frau Holle, wenn sie ihr etwas sagte, denn sie dachte an das viele Gold, das sie ihr schenken würde. Am zweiten Tag aber fing sie schon an zu faulenzen, am dritten noch mehr, da wollte sie morgens gar nicht mehr aufstehen. Sie machte auch der Frau Holle das Bett nicht, wie es sich gebührte und schüttelte es nicht, dass die Federn aufflogen.

Das war die Frau Holle bald müde und sie sagte ihr den Dienst auf. Die Faule war das wohl zufrieden und meinte, nun würde der Goldregen kommen. Die Frau Holle führte sie auch zu dem Tor, als sie aber darunter stand, ward statt des Goldes ein großer Kessel voll Pech ausgeschüttet. »Das ist zur Belohnung deiner Dienste«, sagte die Frau Holle und schloss das Tor zu.

Da kam die Faule heim, aber sie war ganz mit Pech bedeckt und der Hahn auf dem Brunnen, als er sie sah, rief:

»Kikeriki,
unsere schmutzige Jungfrau ist wieder hie!«

Das Pech aber blieb fest an ihr hängen und wollte, solange sie lebte, nicht mehr abgehen.

4.2 Märchenanalyse

4.2.1 Zeit des Mangels

Das Märchen der »Frau Holle« in der Fassung von Jakob Grimm[17] berichtet von einer Witwe, die zwei Töchter hat, davon *die eine schön und fleißig* und die andere *hässlich und faul.*

Hier wird also - unabhängig von den Attributen, die den beiden Töchtern zugewiesen werden – eine Familiensituation geschildert, in der jemand oder etwas fehlt. Die Frau hat keinen Partner und die Töchter keinen Vater. Es gibt niemand in diesem Familiensystem, der in einem ganzheitlichen Sinne für den männlich-aktiven Ausgleich sorgt. In der astrologischen Betrachtung sehen wir, dass hier keine Sonnenenergie vorhanden ist, jene Qualität also, die für das väterlich/männlich/geistige Prinzip steht – sowohl als Außenprojektion, als auch im innerseelischen Erleben. Der Archetyp »Sonne« verkörpert nicht nur den realen Vater, sondern steht im psychologischen Sinne auch für die logisch-intellektuelle Seite, jenen Einfluss, der für den geistigen Ausgleich zu den mütterlich-mondischen Gefühlen sorgt.

Die Töchter, die hier vaterlos auswachsen, lernen nicht, ihre eigene Sonnenenergie auszubilden, und damit fehlt es ihnen an Individualität, ausgleichender Rationalität und Tatkraft im Sinne der Selbstmotivation. Im realen Erleben wird i.d.R. zumindest zum Teil das Erleben dieser Energie durch Projektionen auf andere Sonnen-Vertreter möglich sein: Großvater, Verwandte, erwachsene Freunde. Im Märchen aber bleibt dieser Mangel ausschließlich als prägendes Element erhalten. In der Ausbildung ihrer Persönlichkeiten fehlt es den Töchtern deshalb in der Folge wohl auch an Selbstbewusstsein und an der nötigen Reflexion, die eigenen Handlungen zu überdenken. In allem, was sie tun, sind sie auf die emotional geprägten Re-Aktionen der mütterlichen Mondenergie angewiesen und diese ist, wie wir auch im weiteren Verlauf des Märchens sehen, beeinflusst von deren subjektiven Gefühlen und nicht von objektiver Beobachtungsgabe.

Schildert ein Märchen eine Familiensituation, in der Vater (Sonne) oder Mutter (Mond) fehlen, fehlt immer auch die Beziehungsebene und damit kann sich auch die Energie einer ausgleichenden Venus nicht vollständig und erwachsen entfalten, denn dazu braucht sie die Erfahrung der gegengeschlechtlichen Aufmerksamkeit. Als Beziehungsplanet verlangt sie von uns Kompromissbereitschaft und Objektivität und das völlig frei von subjektiven Gefühlen oder Emotionen. Dies mag der Grund sein, warum ihr natürliches Refugium, das Zeichen der Waage, als einziges im Tierkreis durch ein Objekt dargestellt wird, im Gegensatz zu allen anderen, die immer durch Menschen bzw. Tiere symbolisiert werden.

Die Venus lehrt uns, dass wir nicht nur nach unserem persönlichen Standpunkt agieren können, sondern immer auch das »Andere« – was immer das sein mag – zu erkennen und es als gleich-*wertig* wahrzunehmen. Wer keine ausgebildeten Venusanlagen hat, hat nicht gelernt, sich auf andere einzulassen, das »Ich« zu Gunsten eines »Du« zurückzunehmen oder umgekehrt, die eigenen Bedürfnisse gegen das Andere durchzusetzen (Achse Widder-Waage) und tut sich schwer Grenzen bei sich und anderen wahrnehmen (Achse Stier-Skorpion).

Ein Märchen, die »*Mär*«, ist eine Botschaft, ein Bericht über Vergangenes, die Sage oder das »Berühmte«; »*es webt aus dem Schatten der Wahrheit neue Gewänder*«[18]. Somit offenbart es uns in seiner zeit- und raumlosen Form Dinge, die auf den ersten Blick in diesem »*Schatten*« verborgen liegen. Es lässt uns hinter die Fassade blicken und meist ist es so, dass uns das Märchen gerade in dem, was fehlt oder was es uns verschweigt, am meisten verrät.

Die fehlenden Attribute von Sonne und Venus erklären uns hier also bereits, woran dieses Familiensystem krankt und wo diese offensichtliche Ungerechtigkeit der Mutter in der Zuwendung zu den beiden Töchtern ihren Ursprung hat. Die weiblich/passiven Anlagen erscheinen aufgrund eines mangelnden Korrektivs im Innen wie im Außen pervertiert.

Somit ist es kein Wunder, dass die Mutter wenig Gerechtigkeitssinn im Umgang mit ihren Töchtern aufweist.

»Die eine war schön und fleißig, die andere hässlich und faul«, so berichtet das Märchen und es erstaunt uns vielleicht, dass die Mutter gerade die Hässliche lieber hat, als die Schöne. Schönheit scheint doch - zumindest auf den ersten Blick - das wesentliche Prinzip in den Märchen, lehren sie uns doch, dass für das weibliche Sein nicht viel mehr nötig ist, als Schönheit und Anpassungsfähigkeit.

Aber genau das ist der Irrtum. Schönheit im Märchen meint i.d.R. nicht das an gesellschaftliche Zwänge und kollektive Vorstellungen, Moden und Trends angepasste äußere Ideal. Sie beschreibt vielmehr einen ganzheitlichen seelischen Zustand. Wer schön und fleißig ist, lebt im Einklang mit seiner Persönlichkeit – zumindest ist er dazu in der Lage, die Arbeit am eigenen Selbst aufzunehmen, um diese zu entfalten.

Die Mutter hat *»die hässliche und faule Tochter, weil sie die rechte war, viel lieber«*. Sie vermag es nicht, das »Andere« anzunehmen, fehlt es ihr wohl selbst an entsprechend ausgebildeten Venusqualitäten, zumindest an solchen, die über den Bereich der Selbst-Liebe hinausgehen. Die *»rechte«* Tochter gibt uns hier einen Hinweis auf die matriarchalen Wurzeln des Märchens, wonach es immer die Töchter waren, die als rechtmäßige Erben eingesetzt waren. Die faule Tochter ist also die Richtige, sie wird

– und das zeigt sich im weiteren Verlauf des Märchens auf fatale Weise in systemischem Sinn – auch das mütterliche Erbe antreten. Denn »*faul*« bedeutet in diesem Zusammenhang, dass sie nichts tut, was die vorhandenen Muster des Systems gefährdet.

Die Schöne, die Tochter, die der verstorbene Vater zurückgelassen hat, spiegelt hier zu viel Fremdheit wider, die nicht akzeptabel erscheint, weshalb sie kleingehalten werden muss. Sie bedroht allein schon durch ihre Anwesenheit die Weitergabe und das Aufrechterhalten alter Programme und Prägungen. Deshalb wird sie zum *Aschenputtel* gemacht.

Dieses Motiv finden wir bereits in dem gleichnamigen Märchen, in dem es eben auch um die Thematik der rechten bzw. unrechten Töchter geht.

Aber es geht hier um noch sehr viel mehr: Es geht um die Entwertung des Weiblichen schlechthin – und damit sind eben nicht nur die Frauen als Geschlecht gemeint, sondern ebenso alle weiblichen Eigenschaften der menschlichen Psyche, also jene Talente, die durch die passiven Zeichen und Planeten des Horoskops angelegt sind. Darunter fallen Tätigkeiten wie Fürsorge, Erziehung, Pflege, Kunst, Kreatives aber auch die typisch mondischen Künste, welche Intuition und Einfühlung verlangen: Astrologie, Tarot, Märchenerzählen usw. Die Herablassung und auch die mangelnde Wertigkeit, mit der die Öffentlichkeit diesen Bereichen begegnet, zeigt die Schieflage, in der sich unsere scheinbar so emanzipierte Gesellschaft befindet. Was im Individuum wirkt, wirkt auch im Kollektiv.

Wenn die Mond- und Venusanlagen pervertiert sind – also nicht auf einer erwachsenen Ebene gelebt werden können (und wie sollten sie das, ohne geistiges Korrektiv, weil die Sonnenenergie fehlt?) – können auch die weiteren Planetenenergien nicht ihre innerseelische Kraft entwickeln, die für eine ausgereifte Persönlichkeit erforderlich sind. Und wieso fehlt es überhaupt an männlicher Sonnenenergie, die uns doch scheinbar auf Schritt und Tritt im Außen begegnet? Ganz einfach, weil es an der Ganzheitlichkeit des Auslebens fehlt. Solange weibliche Bereiche geringer bewertet werden als männliche, befinden beide sich im pervertierten Zustand.

Der Begriff des Aschenputtels geht etymologisch auf die griechische Bezeichnung »*Achylia*« (= Asche) und *pouttos* (= das weibliche Geschlechtsteil) zurück und verweist einerseits auf eine Frau, die in der Asche sitzt und darin »puttelt«, also rührt. Andererseits deutet dieses Sitzen im Schmutz auch auf die vermeintliche Unreinheit ihres Geschlechtes hin. *Achyloputtoura* bezeichnet demnach sowohl eine Frau, die sich an der Feuerstelle aufhält, als auch eine Katze, die in der Asche des Herdes sitzt und schmutzig ist[19].

Wie im gleichnamigen Märchen erscheint uns auch bei »Frau Holle« ein Klima der Ausgrenzung, der Entwertung und des Mobbings, da diese i.d.R. immer aus einem Gefühl des Mangels heraus geboren werden. Mangelt es an materieller Sicherheit, neidet man der Schwester Kleidung und Brot, mangelt es generell an elterlicher Aufmerksamkeit, neidet man ihr jegliche Beachtung und mangelt es an väterlicher Zuwendung, wird ihr vermittelt, sie wäre als Frau nicht wertvoll und begehrenswert genug. Und diese Mechanismen wirken auch noch, wenn der vermeintliche Mangel längst einer gewissen Übersättigung gewichen ist. Das, was scheinbar »recht« ist, wird in das Wir-Gefühl mit einbezogen, das Andere, das man als bedrohlich empfindet, wird ausgegrenzt.

Als »recht« angesehen wird nur die eigene Tochter, sie wird verwöhnt und darf so sein, wie sie ist, sie muss sich nicht entwickeln, weil sie den vorhandenen Strukturen des Systems gerecht wird und genau das wird hier durch den Begriff »Faulheit« zum Ausdruck gebracht.

Die Andere aber wird gerade dadurch, dass sie nicht »passt« auf eine Heldenreise geschickt, die zwar gefährlich und überaus schmerzhaft ist, am Ende aber dazu führt, dass sie zu ihrer ganzheitlichen Persönlichkeit findet.

Soweit die Geschichte, die sich auf eine tatsächliche, objektive Betrachtung des Märchens bezieht: eine Mutter, zwei Töchter.

Die Interpretation von Märchen macht es jedoch immer erforderlich, die Symbole und Entwicklungen auch auf einer subjektiven Ebene zu deuten. D.h. um ein Märchen tatsächlich als therapeutische Grundlage zur individuellen Entwicklung heranzuziehen, müssen wir uns immer darüber bewusst sein, dass jede Person, jede Erfahrung, jedes negative oder positive Ereignis immer auch ein Spiegel für unsere eigenen innerseelischen Widersprüche ist.

In Beratungssituationen bei der Interpretation von »Märchen als Lebensskript im Horoskop«[20] fällt mir häufig auf, dass die Horoskopeigner sich selbst i.d.R. eher als Opfer innerhalb des Familiensystems betrachten und es ihnen oft schwerfällt, die ganzheitlichen Zusammenhänge, d.h. auch die scheinbar negativen Erscheinungsformen der Planetenenergien auf ihre eigene Person zu beziehen. Das genau ist aber wichtig, wenn ein heilsamer Weg – über das Horoskop und auch über das Märchen – eingeschlagen werden will.

Ob es uns gefällt oder nicht: Wir alle sind eben nicht nur die armen, ausgebeuteten Märchenheldinnen, aus denen am Ende – wie durch ein Wunder – eine Prinzessin wird; nein, wir sind auch

– zumindest teilweise – die bösen Stiefmütter, die neidischen Stiefschwestern, die ungerechten Mütter und auch die sich verweigernden Väter. Wir sind immer auch die, die bewerten, urteilen, ausgrenzen und mobben – und wenn es nur darum geht, dass wir uns in unserer Opferrolle als die »Besseren« fühlen. Wir sehen uns selbst eben immer lieber als unschuldig in Not geratenes Aschenputtel (noch dazu, wenn es am Ende den Prinzen bekommt), als eine der boshaften und neidischen Stiefschwestern.

Um Heilung zu erfahren, müssen wir uns aber auch mit den weniger schönen Aspekten unserer Rolle im Familiensystem konfrontieren. Es geht um alle Anteile unserer Persönlichkeit, die betrachtet und akzeptiert werden wollen. Erst dann ist Veränderung und Entwicklung möglich.

So, wie auch die beiden Schwestern im Märchen »Frau Holle« einen hellen und einen dunklen Aspekt in einer Persönlichkeit verkörpern, so zeigt auch die Mutter sowohl den liebenden als auch den ablehnenden, rigiden mütterlichen Teil.

Der Weg zur Heilung zeigt sich am Ende nur über Verständnis – sowohl für uns selbst, als auch für die Haltungen der Anderen uns gegenüber. Bleiben wir bei unserer unverzeihlichen Haltung, bei Bewertung und Schuldzuweisung, werden wir uns aus den systemischen Verstrickungen nicht lösen.

4.2.2 Zeit des Lernens

Aber nun zurück zu unserer Märchenheldin. Die schöne und ungeliebte Tochter wird hinausgeschickt auf die Straße. Das klingt kalt und grausam. Aber in dieser Straße erkennen wir auch ein Symbol Merkurs. Es geht für das Mädchen also darum, seine merkurischen Anlagen auszubilden. Damit sind wohl in erster Linie die grundlegenden kognitiven Fähigkeiten gemeint, die im familiären System nicht gefördert werden.

Im Sinne des Zwillingsmerkurs sind hier Themen angesprochen wie Kommunikation, die Fähigkeit sich auszudrücken, Informationen aufzunehmen und zu verarbeiten und sich auszutauschen. Hier geht es auch um die Lernfähigkeit des Mädchens, die es unter Beweis zu stellen gilt. Gerade für Mädchen galt es in unserer Kultur lange Zeit als unnötig, zu lernen, sich Wissen anzueignen, Ausbildungen zu machen, da i.d.R. nie eine andere Karriere vorgesehen war, als die am häuslichen Herd. Dieses mangelnde Zutrauen hat bis heute fatale Folgen. Noch immer wagen sich sehr viel weniger Frauen z.B. in technische, forschende oder handwerkliche Berufe, als Männer.

Bei der Betrachtung aller Merkurthemen müssen wir immer seine doppelte Aufgabe miteinbeziehen:

Der *Zwillingsmerkur* bzw. das 3. Haus stehen für das Verhältnis zu den Geschwistern, die Konkurrenzsituationen, Ungerechtigkeiten, die sich mit ihnen ergeben – aber auch die Talente, die wir durch Konflikte und empfundene Benachteiligungen oft erst entdecken und entwickeln lernen. Hier fordert Merkur uns also auf, unsere Umgebung zu erkunden, Talente und Eigenschaften zu entwickeln, die nötig sind, um außerhalb des sicheren Systems des Stier-Bereiches existieren zu können. Er fordert von uns Beweglichkeit – im geistigen, wie im körperlichen Sinne und er verlangt, dass wir uns mit anderen verständigen, uns mit konträren Meinungen und Sichtweisen konfrontieren.

Der *Jungfraumerkur* und das ihm zugeordnete 6. Haus hingegen fordern Analysefähigkeit und die Bereitschaft die Dinge, die man sich angeeignet hat, die erarbeiteten Ressourcen, vernünftig einzuteilen und richtig anzuwenden – sowohl im materiellen, als auch im immateriellen Sinne: Wie werden wichtige Ressourcen gebildet und verwaltet? Welche Arbeiten sind nötig am körperlichen, innerseelischen aber auch im sozialen System, um es gesund und funktional zu halten? Inwieweit kann ich mein Verhalten an die Bedingungen der Umgebung und der erforderlichen Maßnahmen anpassen?

All diese Fragen stellen sich der ungeliebten Tochter und sie muss sich dieses Wissen und diese Fähigkeiten selbst erarbeiten. In ihrem Herkunftssystem hat sie keine Beispiele dafür und es ist

Zeichen ihres Fleisses und ihrer Lernbereitschaft, dass sie in der Lage ist – sein muss – es wenigstens zu versuchen.

Wir sehen also schon, warum gerade das Symbol der Straße für unsere Heldin ein sehr wichtiges und wesentliches ist, weil es ihre Defizite aufs Beste widerspiegelt. Sie muss zunächst ihre kognitiven Fähigkeiten ausbilden und lernen, was ihr fehlt. Die Straße wird hier zum Symbol für Kommunikation und Austausch – mit sich selbst und mit ihrer Umwelt.

Der Weg in eine fremde Welt hinaus mag mitunter hart sein – aber er bietet für uns die einzige Möglichkeit, andere, neue Denkmuster, Kommunikationsstrukturen und Beziehungsgeflechte wahrzunehmen und zu erlernen, als die, die unsere Herkunftsfamilie kennt. Dies gilt im realen Erleben genauso, wie auch im inneren Empfinden. Erst wenn wir das bekannte System hinter uns lassen, können wir erfahren, wie andere Systeme funktionieren oder aber auch, was wir notwendigerweise verändern müssen, um selbst in fremden Systemen überleben zu können.

Das arme Mädchen musste sich täglich auf die große Straße bei einem Brunnen setzen und musste so viel spinnen, dass ihm das Blut aus den Fingern sprang.

Dort an der Straße (Merkur) sitzt sie also am Brunnen (Mond/ Pluto), dem Symbol für das Weibliche schlechthin. Sie soll spinnen - und zwar soviel, dass ihr das Blut aus den Fingern springt.

Diese anstehenden Prozesse, bei denen sie keine Hilfe und kein Vorbild hat, gehen also zunächst nicht ohne Verletzung vor sich. Sie holt sich dabei blutige Finger (Mars/Merkur), dennoch gibt sie nicht auf, da es ein Zurück in die häusliche Geborgenheit für sie nicht gibt.

Diese Szene zeigt uns, wie pervertiert und lebensfeindlich die weiblichen Energien in diesem Familiensystem sind, und dennoch wird der Schmerz, den sie darin erfährt, für sie zum Anstoß, sich den Herausforderungen zu stellen.

Der Brunnen ist nicht nur das Symbol für das Mütterliche, den Uterus, das Verborgene, Unbewusste schlechthin; er ist, mythologisch betrachtet, auch der Sitz der Großen Muttergöttin. In seinen Tiefen finden wir, genau, wie an den Wurzeln der Bäume, die heilige weibliche Trias der keltischen Bethen, der weißen, der roten und der schwarzen Frau, von denen die erste den Lebensfaden spinnt, die zweite ihn bemisst und die dritte ihn schließlich abschneidet. Sie sind die Herrinnen über das Schicksal, sie gebieten über die Lebensphasen von Geburt, Fruchtbarkeit und Tod.

Bereits bei Platon und seinem Schüler Aristoteles finden die Schicksalsgöttinnen[*] Klotho (= die Spinnerin), Lachesis (=die Loserin) und Atropos (= die Unabwendbare) Erwähnung. Sie

---

[*] *Die »Moiren« (Moira = Anteil, Los) standen bei den Etruskern über den Göttern. Sie entsprechen den römischen Parzen.*

sitzen an der Spindel der Notwendigkeit, mittels derer alle Sphären in Umlauf versetzt werden.

Die Fäden allen kosmischen und irdischen Seins befanden sich also immer in weiblicher Hand. Es waren die Frauen, die die Mysterien des Lebens kannten, durch ihren mondischen Zyklus besaßen sie Kenntnis über biologische Prozesse und das Wissen um die Zeit.

Im Märchen beweist eine Frau, die spinnen kann, dass sie um diese großen Mysterien weiß. Sie beherrscht die urweiblichen Fähigkeiten; sie ist eingeweiht in die grundlegenden Weisheiten des Lebens.

Die Spindel ist seit Urzeiten das Insigne weiblicher Herrschaft. Sie war das Zepter der Hausfrau und galt im Mittelalter als Rechtssymbol und Rangzeichen. Nach ihrem Ableben wurde sie der Hausherrin mit ins Grab gegeben. Weibliche Familienangehörige wurden als »Spindelmagen« bezeichnet.[21]

Wir denken oft, diese Themen würde Frauen und Mädchen in heutiger Zeit, zumindest in unserer von westlichen Werten geprägten Gesellschaft, nicht mehr betreffen. Doch damit geben wir uns einer großen Illusion hin. Noch immer sind es Frauen, die durch die Doppelbelastung von Familienleben und Beruf am meisten beansprucht sind, noch immer sind es die Frauen, die bei gleicher Berufsausübung weit weniger verdienen, als Männer. Es sind immer noch Frauen, die im Haushalt mehr Arbeit auf sich nehmen, weil sie es für ihre Aufgabe halten. Und es sind leider auch immer noch Frauen, die sehr viel härter darüber urteilen, wenn sich Geschlechtsgenossinnen scheinbare Freiheiten nehmen, die sie sich selbst nicht zugestehen und wenn andere Frauen sich außerhalb gesellschaftlicher Normen bewegen, wie z.B. Modediktat oder Diätenwahn. Und es sind junge Mädchen, die sich in TV Shows öffentlich demütigen lassen, für den scheinbaren Traum eines Berufes als Supermodel, während sich Millionen Menschen vor den Bildschirmen daran ergötzen, dass diese Mädchen sich gegenseitig mobben oder sich in »*Zickenkriege*« und »*Stutenbissigkeiten*« verstricken. Es ist bezeichnend, dass diese Begriffe bereits eine gewisse Salonfähigkeit entwickelt haben und gerade von Frauen so gerne gebraucht werden.

Muss man noch mehr Gründe dafür anführen, dass wir noch einen sehr, sehr weiten Weg vor uns haben, ehe wir von Gleichberechtigung überhaupt sprechen können? Und können wir, wenn wir im ganzheitlichen Sinne denken, wirklich ausschließen, dass dieses frauen-feindliche Verhalten, diese Herabwürdigung alles Weiblichen, nicht am Ende fatale Auswirkungen auf unsere Einstellung Tieren und der Umwelt gegenüber hat?

Aber auch bei diesen zeitqualitativen Erscheinungen der weiblichen Themen, können uns die alten, kollektiven Märchen, wie die Frau Holle, ein zeitloses Vorbild dafür geben, wie wir uns aus diesen – scheinbar selbst gewählten – Erniedrigungen befreien können.

Denn wie kann ein Mädchen, das von seiner Mutter keinerlei Unterweisungen erfuhr, keine Liebe, kein Vorbild im Sinne einer ganzheitlichen, d.h. einer mondischen *und* einer venusischen Weiblichkeit, mit dieser weiblichen Macht umgehen? Wie kann es weibliches Können und Wissen anwenden, ohne sich selbst dabei zu verletzen?

Wer seine Weiblichkeit nicht zu schützen gelernt hat, sich nicht auf gleich-wertige Art auf ein Gegenüber einlassen (Waage-Venus) und wer sich nicht selbst abgrenzen kann (Stier-Venus), dem begegnet auch das männliche Prinzip (Mars[*]) auf verletzende, zerstörerische Art.

---

[*]   *Mars steht hier sowohl für den Herrscher des Widderzeichens, als auch für den alten »weiblichen« Mars, der vor der Entdeckung Plutos über das Skorpionzeichen herrschte.*

4.2.3 Zeit der Klausur

*Nun trug es sich zu, dass die Spule einmal ganz blutig war,
da bückte es sich damit in den Brunnen und wollte sie abwaschen, sie sprang ihm aber aus der Hand und fiel hinab.*

Dieses Blut symbolisiert nicht nur die Verletzung durch das
männlich-marsische Prinzip, es steht auch für die Geschlechtsreife der Märchenheldin. Auf dem Weg vom Mädchen zur Frau
erfährt unsere Heldin keine Unterstützung. Jetzt, da es an der
Zeit wäre, den »roten Faden« aufzunehmen, bleibt sie allein mit
ihrer Angst vor den leidenschaftlichen Tiefen des Lebens.

Sie möchte das Blut abwaschen, möchte ungeschehen machen,
was nicht sein darf. Dieser fruchtbare, sexuelle Aspekt im weiblichen Sein darf in ihrem Leben keine Rolle spielen. Für sie gibt es
kein positives Vorbild dafür, Frau-Sein als Erfüllung zu erleben.
Und, weil sie nicht gelernt hat, was es heißt, im ganzheitlichen
und heilsamen Sinne eine Frau zu sein, die fruchtbar für sich
selbst und andere in ihrem eigenen Leben wirkt, macht dieser
Prozess Angst und verlangt nach Verdrängung.

Unbewusst mag unsere Heldin nach Beistand bei der Großen
Mutter suchen, indem sie versucht, die Spindel im Brunnen
wieder rein zu waschen. Aber diese beängstigende Erfahrung, von
der sie nichts weiß, auf die sie niemand vorbereitet hat, führt zunächst einmal zu einem Verlust ihrer selbst.

Weinend lief es zur Stiefmutter und erzählte ihr das Unglück. Die schalt es aber heftig und war so unbarmherzig, dass sie sprach: »Hast du die Spule hinunterfallen lassen, so hol sie auch wieder herauf!«

In ihrer Hilflosigkeit und Not weiß sie keinen anderen Weg, als den zurück zur Stiefmutter, bei der sie nichts anderes, als Zorn und Unverständnis erntet. Hat sie doch selbst nicht gelernt, die venusischen Bereiche ihres Lebens auszubilden, wie sollte sie da ihrer Stieftochter beistehen? Sie schickt das Mädchen also allein hinein in die Welt einer erwachsenen Frau und gibt ihm auch noch das Gefühl, als hätte es das alles seiner Ungeschicklichkeit und seinem Unvermögen zu verdanken. Generationen von Frauen haben dies in der Vergangenheit erlebt und erleben es zum Teil noch heute, dass man sie zwar auf ein Leben vorbereitet, in dem sie gefallen und verführen sollten, aber niemals Schutz und Verständnis fanden, wenn es um ungewollte Schwangerschaften oder die Verwirklichung eigener Lebenspläne ging.

So bleibt auch unserer Märchenheldin nichts anderes übrig, als in die Tiefen des Brunnens hinabzuspringen. Wenn die Angst am größten ist, kommt unweigerlich der Punkt, an dem wir sie überwinden; an dem wir uns der Herausforderung stellen, weil es keinen anderen Weg und schon gar keinen mehr zurück gibt.

Wir würden dem armen Mädchen ja durchaus wünschen, dass es nach dieser schmerzhaften Erfahrung in die Tiefe springt, um gleich darauf in himmlischen Sphären zu landen. Aber so einfach gestalten sich die innerseelischen Prozesse nicht und auch nicht entwicklungsbedingte Initiation.

Das Trauma reicht so tief, dass die Märchenheldin das Bewusstsein verliert. Sie gelangt nun in neptunische Gefilde oder auch in die Bereiche des 12. Hauses, in denen unsere kognitiven und intellektuellen Fähigkeiten allein nicht mehr ausreichen. Hier wird von uns nicht weniger gefordert, als reine Hingabe und der Verzicht auf jegliche Kontrolle und persönliches Wollen.

Das, was an dieser Stelle passiert, mag sowohl ein Hinweis auf die Reichweite dieser Entwicklung sein, die über die bewusste Wahrnehmung hin zu einer spirituellen Erfahrung reicht; es kann aber auch ein Zeichen für eine depressive Phase, einen innerseelischen Rückzug sein, in den das Mädchen gerät, weil das Erlebte ohne mütterliche Unterstützung traumatisierend wirkt und nicht verarbeitet werden kann.

Als die junge Frau aber wieder zu sich »*selber*« kam, befand sie sich auf einer »*schönen Wiese, wo die Sonne schien und vieltausend Blumen standen.*«

Nach dieser Krise und dem nachfolgenden Rückzug hat sie also eine neue Form des sonnenhaften Bewusstseins und der Wahrnehmung erreicht. Ihre Individualität greift wieder, sie hat das, was sie an Fähigkeiten vor der Krise besaß, nicht verloren. Im Gegenteil, sie kann es auf einer neuen, bewussteren Ebene wieder abrufen.

Auch das ist ein Thema der Raunächte: Rückzug, Stillstand, Aufgabe von bewusstem Wollen führen zu einer inneren Neuordnung, die sich unserer Kontrolle entzieht.

Und das ist auch gut so: Solange wir mit Vorsatz und Absicht die Dinge erzwingen und am Laufen halten wollen, solange werden sie sich nicht in der Form ordnen können, die für unsere Entwicklung vorgesehen sind. Jede persönliche Wunschvorstellung, gewollt-positive Denkstrukturen, die unsere mentalen Ausrichtungen in eine bestimmte, von unserem Wollen determinierte Vorstellung zwingen, manisch-rituelle Handlungen, die durch unser Ego gesteuert sind, verhindern im Grunde den heilsamen Impuls. Das ist die allumfassende, unbegrenzte Energie Neptuns. Je mehr wir mit Vorsatz wollen, umso mehr nimmt er uns die Fäden aus der Hand.

Der menschliche Geist mag vieles beabsichtigen und durchaus auch können – aber oft ist es erst das Vertrauen in das Leben selbst und seine ordnenden Prozesse und das Zuversicht auf einen höheren, alles umfassenden Plan, welche uns vom Druck des Handels befreien und uns wieder auf den für uns bestimmten

Weg führen. Ist dieses Vertrauen nicht vorhanden, nimmt uns oft eine schicksalhafte Macht das Zepter aus der Hand. Frau Holle, die Percht oder wie immer wir die Große Mutter nennen, ist die Instanz, die das übernimmt.

Bei unserer Märchenheldin geht es um einen Entwicklungsschritt in ihrem Leben, der nicht von ihrer irdischen Mutter begleitet wird oder werden kann – aus welchen Gründen auch immer. Deshalb gibt sie sich durch den Sprung in den Brunnen dem Unbekannten hin, wodurch der Prozess für sie heilender Rückzug und Neugeburt zugleich wird. In den Bereichen Neptuns oder des 12. Hauses finden wir Heilung, wenn wir bereit sind, zwanghafte plutonische Kontrolle (Haus 8) und auch infantile mondische Bedürfnisse (Haus 4), die einer höheren Entwicklung bedürfen, hinter uns zu lassen.

Unser Lebensweg führt uns nicht nur mit der beginnenden Menstruation in neue, unbekannte Richtungen. Neue Lebensabschnitte, Veränderungen oder Krisen, zwingen uns unabhängig von Alter oder Reife immer wieder in Situationen, in denen wir Verständnis und Unterstützung benötigen. Immer wieder stehen wir auf unserem Lebensweg völlig alleine vor neuen Entscheidungen und fühlen uns dabei wie Kinder, die den Beistand einer Mutter brauchen.

Die Raunächte sind die Zeit der großen Mutter, in der wir uns an ihr unsichtbares, immerwährendes Wirken erinnern können. Diese zeitlose Zeit zwischen den Jahren zeigt uns, dass wir wieder einen Abschnitt unseres Lebens hinter uns gebracht und abgeschlossen haben. Was im neuen Jahr vor uns liegt, ist unbekannt. Es ist für uns wie ein Sprung in den Brunnen. Vor uns liegt Neues, Unbekanntes und dafür benötigen wir immer wieder den Beistand und das Vertrauen in eine übergeordnete, schicksalhafte Macht. Und gerade dieses Vertrauen ist in unserer Zeit eine große Herausforderung. Wir gehen davon aus – und werden durchaus auch so programmiert – dass wir durch unseren Willen, unseren Ehrgeiz, unsere Anstrengung und vor allem durch klare Visualisierungen alles – aber auch wirklich alles erreichen können, was wir uns wünschen. Erreichen wir es nicht, waren unsere Bemühungen nicht ausreichend. Jedoch lehrt uns das Leben selbst immer wieder, dass dem so nicht ist. Wir sind nach einem bestimmten Muster gestrickt – das Muster, das in unseren jeweiligen Horoskopen sichtbar wird. Nur, wenn unser Wollen mit diesem Muster übereinstimmt, werden wir unsere selbst gesteckten Ziele erreichen. Zeiten des Rückzuges, der Besinnung, der Innenschau verhelfen uns am Ende wieder zu einer demütigeren Haltung dem Sein gegenüber und einer klareren und stimmigeren Vorstellung dessen, was für uns wirklich das Richtige ist. Dieses »Richtige« söhnt uns mit unserem Leben aus, es reduziert ungesunde Bedürftigkeiten, beendet die permanente Suche nach

Ersatzbefriedigungen und das Streben nach einer Identität, die vielleicht einem Image, aber nicht unserem eigenen Wesen entspricht und genau das hat am Ende eine positive Auswirkung auf unsere Umwelt.

Je mehr wir also diese Innenschau, diesen Rückzug, wieder mit Plänen und Programmpunkten füllen, mit der mentalen Ausrichtung auf unsere Begierden und Wünsche, um so weniger werden wir zu dieser Klarheit und auch zu dieser inneren Befriedigung finden.

Durch den bewussten Rückzug in der Zeit der Raunächte, den Verzicht auf unnötige Aktivitäten, Planungen und Wunschvorstellungen, die mehr unserem Ego, als unserer Entwicklung dienen und das freiwillige Sich-Einlassen auf die Ruhe und vielleicht auch auf die Dunkelheit, wie die Raunächte sie mit sich bringen, umso mehr stellen wir diese Verbindung wieder her und rüsten uns für die Aufgaben, die das neue Jahr für uns bereit hält.

Wie bei unserer Märchenheldin kann dieser Rückzug in die Bereiche Neptuns immer auch die Gefahr eines Selbstverlustes mit sich bringen, aber auch dann dürfen wir darauf vertrauen, dass auf jeden Prozess des passivem Geschehenlassens auch wieder eine Phase der neuen, heilenden Visionen folgt. Und diese Visionen führen uns zusammen mit dem Erlernten auf eine höhere

Entwicklungsebene. Die »*schöne Wiese*« und die »*Vieltausend Blumen*« stehen für diese neue Lebendigkeit.

Aber die Wege dieser neuen Ebene – und auch die des neuen Jahres – erfordern von uns wieder Aufmerksamkeit und Kraft und wir müssen unsere Erfahrungen unter Beweis stellen – genau, wie unsere Heldin. Gut, wenn wir diese Herausforderungen ausgeruht, reflektiert und mit einem unverstellten Blick, der frei ist von Wunschdenken und Illusionen, annehmen können.

Auf dieser Wiese ging es fort und kam zu einem Backofen, der war voller Brot und das Brot aber rief:

»Ach, zieh mich raus,
zieh mich raus,
sonst verbrenne ich:
Ich bin schon längst ausgebacken.«

Da trat es herzu und holte mit dem Brotschieber alles nacheinander heraus.

Mutig macht sich unsere Märchenheldin also auf ihren Weg und muss schon bald unter Beweis stellen, ob sie das Gelernte verinnerlicht hat und ob sie in der Lage ist, die erfahrenen Prozesse umzusetzen und sie im lebenserhaltenden Sinne anzuwenden.

Sie kommt zuerst zu einem Backofen und damit begegnet ihr wieder ein Symbol des Uterus, des Urweiblichen (Mond/Pluto). Jetzt zeigt sich also, ob sie es versteht, im lebensspendenden, erhaltenden Prinzip des »Stirb und Werde« zu wirken.

Brot als Grundnahrungsmittel ist Mondenergie in seiner reinsten Form. Wer sich nähren kann, ist fähig, sich selbst im mondischen Sinne zu schützen. D.h. für sich zu sorgen, sich eine seelische Heimat zu geben und mütterlich-versorgend auch auf die unmittelbare Umgebung zu wirken.

Das Prinzip des 4. Hauses (Krebs) offenbart sich in unseren Fähigkeiten zur Fürsorge, Selbstheilung und des Selbstschutzes.

Die Phasen des Mondes wurden aber immer auch mit dem Wissen um die Zeit in Verbindung gebracht. Zu wissen und zu erkennen, wann etwas geschehen muss, wann gehandelt werden muss, im Sinne der Lebenserhaltung – auch die der unmittelbaren Umgebung – ist mondische Weisheit auf erwachsener Ebene. Aus diesem Prinzip heraus *re*-agiert die Märchenheldin mit dem rechten Tun zur rechten Zeit und zeigt, dass sie dies nicht nur auf ihre mondische Weiblichkeit anzuwenden versteht, sondern auf alle Prozesse des Seins.

Mondisch handeln, heißt dem Leben dienen.

Obwohl sie selbst diesen mütterlichen Schutz nicht erfahren hat, handelt sie nicht nur aus egoistischen Motiven oder eigener Bedürftigkeit heraus. Sie handelt umsichtig und nährend in einem ganzheitlichen Sinne. Das Brot ist nicht ihr Brot und dennoch ist es ihr nicht egal, was aus ihm wird. Sie erkennt sich als Teil einer Ganzheit und stellt ihr mondisches Tun in den saturnischen Dienst einer Gemeinschaft.

Danach ging es weiter und kam zu einem Baum, der hing voller Äpfel und rief ihm zu:

»Ach schüttel mich,
schüttel mich!
Wir Äpfel sind alle miteinander reif!«

Da schüttelte es den Baum, dass die Äpfel fielen, als regneten sie und schüttelte, bis keiner mehr oben war. Und als es alle in einen Haufen zusammengelegt hatte, ging es wieder weiter.

Genauso umsichtig und ganzheitlich handelt sie nun auch im venusischen Sinne und zeigt damit, dass sie sowohl die Prinzipien der Waage-, als auch die der Stier-Venus verinnerlicht hat – zumindest ist sie in der Lage daran zu arbeiten und sie entsprechend zu entwickeln. Nachdem die mondischen Anlagen wie z.B.

Versorgung, Geborgenheit, Nahrung und Schutz, Nähe und Zärtlichkeit ausgebildet sind, gilt es jetzt die venusischen Anlagen wie Beziehungs- und Begegnungsfähigkeit, Werteempfinden, die Fähigkeit, sich abzugrenzen aber auch Erotik, Sinnlichkeit und Körperlichkeit in einem gesunden, d.h. ausgeglichenem Masse zu entwickeln.

Der Apfel ist ein Rosengewächs und das Symbol der Venus. Er steht für Fruchtbarkeit und Sinnlichkeit. Antike Liebesgöttinnen wurden mit Körben voller Äpfel dargestellt.

Um den Apfel mit der Aufschrift »Der Schönsten« entbrannte ein Zank unter den Göttinnen Hera, Athene und Aphrodite, welcher schließlich zum trojanischen Krieg führte.

Der Fruchtbarkeitsgott Dionysos galt als Schöpfer des Apfelbaumes. Er widmete Aphrodite den Apfel als Sinnbild für Liebe und Schönheit. Als solches galt diese Frucht auch im alten China. Im Orient erscheint die Göttin Ishtar in den Apfelbäumen und bei den alten Germanen wohnte in ihnen die Göttin Hel.

Ein quer durchgeschnittener Apfel offenbart in seinem Kernhaus (engl. »*Core budget*«) ein natürliches Pentagramm. Es war der jungfräulichen Göttin Kore (die im Schoße der Erdenmutter Demeter ruht) gewidmet und bereits die Pythagoräer sahen in diesem Pentagramm ein Schutzzeichen, das Beziehungen zu Erfolg und Fruchtbarkeit führte.

Erst das lustfeindliche Christentum bezeichnet den Apfel im Alten Testament als Sinnbild für den menschlichen Sündenfall und der Fleischeslust, da Eva einst ihren Adam im Paradies mit einem Apfel verführte, den sie vom Baum der Erkenntnis pflückte.

In all diesen Zuordnungen wird die Verbindung zur großen Muttergöttin deutlich, die sich auch in den Mythen und Legenden der Thomasnacht und der Wintersonnwende spiegeln. Immer wieder spielt der Apfel eine entscheidende Rolle bei dem Wunsch junger Frauen, im kommenden Jahr einen heiratswilligen Mann zu finden (siehe Kapitel »Thomas, der Zweifler« ab Seite 89).

Auch das Schütteln der Obstbäume begegnete uns lange Zeit als traditioneller Raunachtsbrauch. Kinder oder »unbescholtene« Mägde wurden in den Winternächten nach draußen geschickt, um die Bäume zu schütteln und sie dadurch daran zu erinnern, dass ihre Säfte im Frühjahr wieder fließen werden und es nach der Zeit des Stillstandes und der Ruhe neue Fruchtbarkeit geben wird.

Unsere Märchenheldin ordnet die Äpfel, schichtet sie auf zu einem Haufen und offenbart in all ihrem Tun nun, dass sie bereit ist, auch im sozialen, gemeinschaftlichen Sinne zu wirken, wenn es nötig ist. Sie handelt nicht unaufgefordert übergriffig, sondern tut das, was getan werden muss – nicht mehr, aber auch nicht weniger. Dadurch erweist sie Respekt. Das »Andere« ist ihr nicht egal – es ist ihr gleich-wertig. Sie hört den Ruf der Dinge, erkennt ihre Reife und weiß das Richtige zur rechten Zeit zu tun. Sie holt die Ernte ein und birgt sie, somit zeigt sie das Wirken der weisen Frau, das Tun im Sinne der Allgemeinheit.

Ihre Zeit, die sie spinnend an der großen Straße und am tiefen Brunnen verbrachte, war nicht umsonst. Es war eine Zeit des Lernens und ihre Ergebnisse weiß sie nun entsprechend sinnvoll anzuwenden. Damit ist der Weg zur weisen Alten für sie frei.

4.2.4 Zeit der Initiation

Endlich kam es zu einem kleinen Haus, daraus guckte eine alte Frau, weil sie aber so große Zähne hatte, ward ihm Angst und es wollte fortlaufen. Die alte Frau aber rief ihm nach: »Was fürchtest du dich, liebes Kind? Bleib bei mir, wenn du alle Arbeiten im Hause ordentlich tun willst, so soll es dir gut gehen. Du musst nur achtgeben, dass du mein Bett gut machst und es fleißig aufschüttelst, dass die Federn fliegen, dann schneit es in der Welt. Ich bin die Frau Holle.«

Weil die Alte ihm so gut zusprach, so fasste sich das Mädchen ein Herz, willigte ein und begab sich in ihren Dienst. Es besorgte auch alles nach ihrer Zufriedenheit und schüttelte ihr das Bett immer gewaltig, auf dass die Federn wie Schneeflocken umherflogen; dafür hatte es auch ein gut Leben, kein böses Wort und alle Tage Gesottenes und Gebratenes.

Diese weise Alte, die Große Mutter, zu der ihr Weg nun führt, findet sie hier in einem kleinen Haus (Mond). Der Segen und das Wirken dieser allumfassenden weiblichen Urkraft finden sich also in unserem vierten Haus. Wie klein bzw. vernachlässigt diese Energie bisher auch gewesen sein mag, wir alle sind in der Lage, sie zu nutzen. Am tiefsten Punkt unserer Seele herrscht die größte Kraft.

Aber diese Kraft bleibt nicht ohne Gefahren. Als die junge Frau die großen Zähne der Alten sieht, fürchtet sie sich und möchte am

Liebsten wieder fortlaufen. Die Große Mutter begegnet uns in vielerlei Gesichtern und längst nicht alle sind freundlich. Wie die Percht, so besitzt auch die Holle/Hel sowohl einen mütterlich-nährenden Aspekt als auch einen destruktiv-strafenden. Niemand stört ihre Ordnung ungesühnt. Aber nicht nur im spirituellen Sinne, sondern auch im psychologisch-individuellen zeigt sich diese Herausforderung. Wer nicht gelernt hat mit seinen Energien umzugehen, sie sinnvoll einzusetzen, verletzt sich selbst und andere.

Im astrologischen Sinne sind die Zähne dem Marsprinzip zugeordnet. Jedoch geht es hier um eine tiefere, subtilere Symbolik. In der klassischen Astrologie stand der Bereich des Skorpions und des 8. Hauses unter der Herrschaft eines weiblichen Mars, bis dieser von Pluto, nach seiner Entdeckung im Jahre 1930, abgelöst wurde. Ihm sind nicht nur die großen transformativen Prozesse des Lebens zugeordnet, sondern auch all unsere Obsessionen, alle Bindungen, alle Themen, die uns mit unseren Ahnen, unserer Sippe verbinden.

Nicht zuletzt galt und gilt das 8. Haus immer noch als das Haus des Todes. Wir finden darin also nicht nur alle jene Ereignisse, die mit dem physischen Tod zu tun haben, sondern vor allem auch die Erfahrungen, die uns dazu bringen, unser Ego sterben zu lassen. Jede tiefere Beziehung fordert diese Bereitschaft von uns. Beziehungen gehen wir nicht nur zu einem Partner ein, sondern erleben sie zwingend auch in unserem Verhältnis gegenüber unserer gesamten Umwelt.

Die Fähigkeit, unsere Egobedürfnisse, unsere persönlichen Wünsche, unsere Gier, unseren Hunger nach mehr zu Gunsten einer funktionierenden Gemeinschaft zu überwinden, finden wir eben genau in diesem Bereich des 8. Hauses. Hier zeigt sich, wie wir mit den Werten anderer umgehen, ob wir Grenzen respektieren und wie wir uns in sozialen Systemen verhalten. Sehen wir das Andere – was immer das sein mag – als wahrhaft gleich-*wertig* an oder be-*werten* wir »Dein und mein« unterschiedlich? Empfinden wir die Bedürfnisse der anderen – ob Mensch, ob Tier oder Umwelt – als weniger bedeutend, weniger *wert*-voll, als unsere eigenen?

Wer die Anlagen dieses Hauses nicht ausreichend entwickelt hat, wird zu keiner erfüllten Beziehung finden, denn erst im 8. Haus entscheidet sich, ob aus einer Partnerschaft auch eine Bindung werden kann. Dies zu überprüfen sind wir immer gefordert: in unseren partnerschaftlichen Gemeinschaften, im sozialen und gesellschaftlichen Bereich und im Verhalten jedem anderen Wesen gegenüber. Gerade die derzeitige Klimasituation, der Umgang mit unseren tierischen Mitgeschöpfen und unseren natürlichen Ressourcen zeigt uns deutlich die Schieflage, in der wir uns befinden, auch wenn wir immer mehr versuchen, davor die Augen zu verschließen und unsere egoistischen Bedürfnisse weiter in den Vordergrund rücken.

Aber nicht weniger fordert und prüft die Percht. Werden wir dem nicht gerecht – zumindest so die mythologisch-spirituelle Überlieferung – straft und zerstört die Große Mutter ohne Zögern auch das, was sie selbst geschaffen hat. Das ist plutonische Energie in ihrer reinsten Form und die Holle zeigt dies durch ihre großen Zähne. Im psychologischen Sinne mag dies bedeuten, dass wir im Bereich des 8. Hauses und des Plutos am Ende immer erkennen müssen, dass wir im Grunde abhängig sind, von allem was uns umgibt. Wir sind alleine nicht lebensfähig. Und genau das will die Percht/die Holle uns lehren.

In der nordischen Mythologie bezeichnet »Hel« sowohl die Göttin als auch das Totenreiches. Die Hel ist die Gebieterin, die Herrscherin über diese Schattenwelt und in ihrer Bezeichnung Holle/Hel spiegelt sich sowohl der englische Begriff »hell« als auch die deutsche Bezeichnung »Hölle« wieder. Die Edda beschreibt das Reich der Hel als Ort der Finsternis und des Schreckens. Allerdings umfasst ihr Reich neun Welten, in welchen sie den Verstorbenen ihren Platz zuweist. Dabei entscheidet sie nicht böse oder rachsüchtig, sondern immer gerecht. Sie nimmt die Seelen in Empfang, gibt ihnen Nahrung und ursprüngliche

Heimat, auf dass sie in Niflheim (= *dunkle Welt*) ein friedvolles Dasein finden.

Die verlorenen Seelen jedoch, die nicht bereit sind ihre irdischen Bedürfnisse hinter sich zu lassen, führt sie nach Rastrand, die Halle der Schrecken und der Pein, die bewohnt ist von Nidhöggr, dem heftig schlagenden Drachen.

Ehe sie die Seelen jedoch den Welten zuweist, hält die Hel/ Holle sie und prüft sie genau. Wer ihr Refugium betritt, wird also mit den dunkelsten Seiten seines Seins konfrontiert. Nur wer bereit ist, sich den transformativen Kräften hinzugeben, wird auf den von ihr zugewiesenen Platz seinen Frieden finden. Vielleicht hieß deshalb mancherorts in früherer Zeit »sterben« auch oft *»den Helweg gehen«*.

Diese Bedeutungen machen klar, auf welch düsterem und auch gefährlichem Weg sich unsere Heldin befindet. Auch wenn es nicht der physische »Helweg« ist, den sie zu gehen hat – sie geht durch Einsamkeit, Trauer und Verlust – einen Weg also durch eine klassische Depression.

Und genau deshalb zeigen die Zähne der Holle auch, in welcher Gefahr sie sich befindet und die Junge ist sich ihr durchaus bewusst. Aber die alte Holle gibt ihr auch zu verstehen, dass sie nichts zu befürchten hat, solange sie sich an die große kosmische Ordnung hält.

Das Bett soll sie schütteln, auf dass die Federn fliegen. Wer an den mondischen Prozessen mitwirkt, stört weder die kosmische noch die natürliche Ordnung, die das Leben auf Erden erst ermöglicht. Es ist das mondische Wirken der Holle, an dem die junge Frau sich nach Kräften beteiligt.

Sie stellt ihre Bereitschaft unter Beweis, sie hat gelernt, dass Lebenserhalt mit Arbeit verbunden ist – mit der Arbeit an uns selbst – aber auch mit der Arbeit an allem, was uns umgibt, nährt und schützt.

Das, was sie auf ihrer irdischen Ebene bereits gelernt hat und auf ihrem Weg anwenden konnte, muss sie nun auf einer höheren Ebene unter Beweis stellen.

Jedoch dieser Weg ist alles andere als einfach. Die Holle verlangt von ihr nichts Geringeres, als dass sie es schneien lässt. Sie arbeitet also wieder an den mondischen Prozessen (Betten schütteln), die einer Aufarbeitung und Erneuerung bedürfen. Die Ergebnisse hiervon manifestieren sich schließlich auf eine saturnische Art (Schneeflocken).

Wenn es im Märchen oder auch im Traum schneit, ist dies häufig ein Hinweis auf eine depressive, melancholische Lebensphase. Etwas ist zum Stillstand gekommen, Gefühle sind eingefroren. Schnee symbolisiert die Verbindung zwischen Mond und Saturn – die im Horoskop durch die IC-MC-Achse angezeigt ist, in seiner reinsten Form. Wasser (Mond) gefriert (Saturn).

Dies kann ein Hinweis auf erstarrte Gefühle sein, auf Gefühle, die aus der Vergangenheit (Saturn) heraus unseren Lebensfluss (Mond) behindern oder einschränken. Dies kann aber auch bedeuten, dass unsere innere Gefühlswelt ein Innehalten, einen saturnischen Rückzug von den weltlichen Ablenkungen braucht. Wir müssen erst wieder zu uns selbst finden, um zu einer neuen Klarheit zu gelangen. Erst die Klärung unserer Gefühle führt zu einer Heilung.

Therapien können eine solche Heilung bewirken. Oft aber ist es einfach die Zeit, die diese Heilung herbeiführt. Wir brauchen Zeit und Ruhe, Stillstand, um die Vergangenheit abzuschließen, um wieder zu uns zu finden, damit wir wieder in Bewegung kommen können.

Wenn die Natur im Winter zur Ruhe kommt, in einer Art Heilschlaf liegt, ehe sie im Frühling wieder erwacht, bedeutet eine Schneedecke oft einen Schutz, unter dem sich Pflanzen und Tiere in einem heilsamen und Kräfte schonenden Dämmerzustand befinden, damit zur rechten Zeit neue Fruchtbarkeit erwachsen kann.

Die Betten zu schütteln, dass die Federn nur so fliegen und es schneit, heißt in diesem Zusammenhang also auch, die Vergangenheit zu bereinigen und damit abzuschließen. Es bedeutet eine Art innerer Reinigung, das Aufschütteln und Aufräumen unserer seelischen Innenräume. Das, was geschehen ist, wird bereinigt, damit irgendwann ein Neubeginn möglich ist. Weiße

Federn als uranisches Symbol sind ein Hinweis auf dieses Neue, das unbelastet beginnen darf.

Altes und Vergangenes aufzuarbeiten, zur Ruhe kommen lassen und zu begraben – auch hierzu geben uns die Raunächte Gelegenheit: Mit dem Jahr, das hinter uns liegt, in Stille und Besinnlichkeit abzuschließen, um unbelastet von negativen Erfahrungen einen neuen Kreislauf zu beginnen. Dazu ist es nicht nötig, schon auf das Morgen zu schielen, es bestimmen und beeinflussen zu wollen. Auch, wenn es psychologisch durchaus verständlich ist, lagen Zukunftsblicke und Orakel doch immer schon im Interesse der Menschen. Der Unterschied zu früher mag heute darin liegen, dass wir mehr und mehr glauben, dass unsere Zukunft allein durch unser Wunschdenken beeinflussbar und konstruierbar wäre. Menschen früherer Zeit sahen sich ausschließlich einem Schicksal ausgesetzt, von dem sie wissen wollten, ob es gute oder negative Ereignisse für sie bereit hielt. Das Schicksal gnädig zu stimmen war ein Akt der Hingabe, der Opfer verlangte und Bereitschaft zu eigenem Verzicht bzw. sinnvollem Handeln.

Heute, so glauben wir, genügen das »richtige« Denkprogramm, die »richtige« innere Einstellung und die ausschließliche Reflexion unserer Ego-Wünsche, um unser Leben so zu gestalten, wie wir das möchten. Und die Raunächte werden genau dazu missbraucht: Wir formulieren unsere persönlichen, individuellen

Wünsche und Vorstellungen und sind weit davon entfernt, uns eingebunden zu sehen in eine kosmische Alleinheit. Raunachts-Rituale als Partyspiele für gelangweilte, unbefriedigte Egos.

Unsere Märchenheldin begibt sich also in den Dienst der Alten, weil sie freundlich ist. Wenn wir uns den inneren Prozessen erst einmal stellen, begegnen sie uns i.d.R. nicht mehr feindlich und schon gar nicht, wenn wir uns an ein selbstkritisches Aufräumen unserer eigenen Innenwelten machen. Am Ende geht es bei dieser Selbstreflexion um ein Aufarbeiten unseres eigenen Psychohaushaltes – es geht nicht um Schuldzuweisungen oder Anklagen anderen gegenüber, sondern um die Annahme und Akzeptanz der Dinge, die wir selbst erledigen müssen.

Und genau darin liegt die Stärke unserer Heldin. In ihren Lehrjahren, die sie alleine und völlig ohne Unterstützung an der Straße zugebracht hat, hat sie erfahren, welche Werkzeuge sie anwenden und einsetzen kann, um zu ihrer inneren Kraft zu finden. Sie hat gelernt, ihre Arbeiten ordentlich zu erledigen, und gerade deshalb kann sie die neuen Herausforderungen nun im Vertrauen auf ihr Können und ihre Kraft vertrauensvoll annehmen.

Unser mondisches Erbe, alles, was wir häufig unbewusst in uns tragen, unsere Gefühle, Empfindungen, die übernommenen Gewohnheiten und Traditionen, nicht hinterfragte Überlieferungen und familiäre Programme bedürfen von Zeit zu Zeit einer Überprüfung. Sie müssen in einer Art innerem Hausputz »aufgeschüttelt« und erneuert werden, damit am Ende nur das bleibt, was uns auf unserem weiteren Lebensweg dient und was wir auch anderen wieder ohne Schaden weitergeben können.

Die saturnischen Prozesse, die durch den frisch gefallenen Schnee symbolisiert sind, helfen uns bei der Erarbeitung einer neuen inneren und äußeren Ordnung.

Und genau dafür erhält das Mädchen auch seine Belohnung: Kein böses Wort soll es hören und *alle Tage Gesottenes und Gebratenes* verspricht die Frau Holle ihm und gibt ihm neue und gute Nahrung auf der mondischen Ebene. Ihren Ursprung hat diese Aussage in der sprichwörtlichen Redewendung: *»Es geht hoch her wie bei einem Fest«*[22]. D.h. die besten Speisen und die beste Nahrung, sowohl auf der körperlichen, als auch auf der seelischen Ebene, sind gerade gut genug, für den kräftezehrenden Prozess der inneren Reinigung. Wer »Gesottenes und Gebratenes« bekommt, ist aufs Beste versorgt. Seine Arbeit, seine Bereitschaft zu Fleiß und Fürsorge wird angemessen belohnt. Für unsere Märchenheldin eine wichtige Erfahrung. Sie, die bisher noch niemals Schutz und Geborgenheit einer irdisch-mütterlichen Instanz erfahren hat, erhält diese nun durch die große kosmische Mutter.

Sie verrichtet nun also keinen irdischen Dienst, sondern den Dienst an der Göttin, der dadurch zum Dienst an ihrer eigenen Weiblichkeit wird. Und genau dadurch schafft sie die Verbindung der notwendigen Zusammenhänge von oben und unten und von innen und außen und nicht zuletzt von Welt und Kosmos.

4.2.5 Zeit der Rückverbindung

Astrologisch gesehen geht es hier auch um die Verbindung der Achsen, welche die weiblich/passiven Zeichen betreffen.

4.2.5.1 Haus 2 (Stier-Venus) – Haus 8 (Pluto)

Die vordergründigen Themen des *2. Hauses* sind unsere persönliche Sicherheit, unser materieller Besitz und der Raum, den wir benötigen um uns sicher zu fühlen und nicht zuletzt die Fähigkeit, Grenzen zu ziehen. Die erste und elementarste Grenze, die wir nach außen ziehen, bildet unser Körper. Deshalb geht es in diesem Bereich auch um den Umgang mit ihm und um unsere Genussfähigkeit. Im individuellen Horoskop manifestieren sich hier - je nachdem, wie unser 2. Haus, der Bereich des Stieres und die Venus gestellt sind – eventuelle Neigungen zur Über- oder auch Unterversorgung, die sich durch ein Zuviel oder ein Zuwenig in der Nahrungsaufnahme zeigen können. Hauterkrankungen, Bulimie und Magersucht könnten mögliche Erscheinungsformen sein. Innere Unsicherheiten, Probleme mit dem eigenen Selbstwert oder ein Defizit in der Abgrenzungsfähigkeit können aber auch zu einer ungesunden Anhäufung materieller Besitztümer führen.

Erst, wenn es uns gelingt, im Einklang mit unseren körperlichen Bedürfnissen zu sein, wenn wir weder von Gier noch von Neid geplagt sind, wenn weder Mangel noch Übermaß die Grundlage bilden, sind wir auch bereit, unserem Gegenüber die gleichen Ansprüche zuzugestehen, wie uns selbst. Wir sind bereit, die Grenzen der Anderen zu wahren und zu teilen, weil wir verstehen, dass die Bedürfnisse anderer den unseren gleichwertig sind.

Und genau darum geht es im gegenüberliegenden Bereich des *8. Hauses*. In der klassischen Astrologie fast ausschließlich nur als das Haus des Todes und vielleicht noch der gemeinsamen Verbindlichkeiten angesehen, birgt dieses Haus jedoch weit mehr. Es geht hier nicht nur um den physischen Tod, sondern um jeden – noch so kleinen – Tod unseres Egos. Erst im 8. Haus entscheidet sich, ob wir bereits sind – oder vielleicht auch gezwungen – unsere Grenzen zugunsten anderer aufzuweichen oder im umgekehrten Fall, ob wir in der Lage sind diese Grenzen überhaupt zu ziehen. Das ursprüngliche Refugium von Skorpion und Pluto lässt uns erkennen, ob und wie wir in diese Energie des *sharings* eingebunden sind. Inwieweit sind wir bereit, unsere Egoansprüche zugunsten anderer zurückzuschrauben? Inwieweit partizipieren wir selbst von den Besitztümern und Werten anderer? Lassen wir uns in Machtkämpfe verstricken, in Manipulationen und Zwänge? Was sind wir bereit in Beziehungen einzubringen? Und wie gestaltet sich das Verhältnis zwischen Geben und

Nehmen? Verlieren wir uns in unseren Obsessionen, reiben wir uns auf an der Grenze zwischen dem »Mein« und dem »Dein«, oder sind wir bereit zum gleich-berechtigen und gleich-wertigen »Uns«?

Der Bereich des Skorpions ist der Bereich von Transformation und Wandlung und das bezieht sich in erster Linie auf unsere geistigen Vorstellungen. Darin liegt natürlich auch die Chance auf Anpassung und Veränderung unserer einseitigen Wertvorstellungen.

Unsere Märchenheldin zeigt uns, wie dieses Geben und Nehmen in einem ausgewogenen Verhältnis stattfinden kann.

Sowohl am Backofen als auch am Apfelbaum, beweist sie, dass es ihr nicht nur um *ihren* Besitz, um *ihre* Werte, geht. Sie holt das Brot aus dem Ofen, sie schüttelt die Äpfel von den Bäumen – obwohl es nicht ihre sind – und zeigt damit, dass ihr auch der Besitz anderer etwas »wert« ist und sie bereits ist, etwas dafür zu tun, damit dieser erhalten bleibt.

Aber auch im Haus der Frau Holle versteht sie sich auf dieses ausgewogene Verhältnis. Dafür, dass sie alle Tage »Gesottenes und Gebratenes« erhält, bringt sie sich mit ihrer Arbeit ein und leistet ihren Dienst am Eigentum der alten Holle.

4.2.5.2 Haus 4 (Mond) – Haus 10 (Saturn)

Die Achse 4/10 im Horoskop wird als Erziehungsachse bezeichnet. In ihr manifestieren sich die Prägungen des Familiensystems, die wiederum Wirkung auf unser Verhalten in der Außenwelt haben. Konflikte, Defizite oder Ängste, die innerhalb der Familie vorhanden waren, erzieherische Programme und unausgesprochene Geheimnisse, aber auch Gaben und Fähigkeiten, die im System gefördert wurden, beeinflussen also unser Selbst-Verständnis, mit dem wir als Erwachsene hinaus in die Welt gehen, um uns dort einen Platz zu suchen. Sie bedingen auch in einem hohen Maße das Verhalten, durch das wir uns in fremde, übergeordnete Systeme einfügen oder eben nicht. Unbewusste und nicht geklärte Konflikte innerhalb der Familie können z.B. zu Problemen mit Autoritätspersonen führen oder rigide Erziehungsmethoden aus unserer Kindheit können unangemessene, tiefsitzende Ängste vor unseren Vorgesetzten auslösen.

Im schlechtesten Fall verharren wir in unseren infantilen Haltungen und begnügen uns auch noch im Erwachsenenalter damit, über all das zu klagen, was andere uns vermeintlich vorenthalten haben, ohne dabei deren jeweilige Situation zu bedenken und zu verstehen. Wir bewegen uns permanent im Spiel zwischen der Erinnerung an alles, was uns das Leben schuldig blieb und der

Hemmung bzw. Angst davor, selbst Verantwortung für unser jetziges Leben zu übernehmen. Die pervertierten Anlagen der Achse Haus 4/Haus 10 manifestieren sich in einem ständigen Wechselspiel zwischen Bedürftigkeit (Mond) und Schuldzuweisung (Saturn).

Die konstruktive Verbindung der Energien beider Achsen liegt darin, zu verstehen, dass unsere Herkunft ein Ausdruck unseres Schicksals ist. Egal, ob wir eine »schlechte« Mutter hatten oder unglückliche, dysfunktionale Familienverhältnisse, ob wir im Mangel oder im Überfluss herangewachsen sind, ob unsere Bedürfnisse zur Genüge befriedigt wurden oder nicht – irgendwann müssen wir erwachsen genug sein, uns von der Hoffnung zu befreien, dass diese Defizite rückwirkend von denen aufgefüllt werden, die vermeintlich ursächlich für unsere emotionalen Mängel sind. Zukunft ist erst dann möglich, wenn wir die Vergangenheit akzeptieren, wie sie war – das ist das Geheimnis der Zeit. Wir können das was war, nicht ändern – aber wir können uns bewusst machen, dass die Vergangenheit, so wie wir sie sehen, immer auch Teil unserer eigenen Interpretation ist. So wichtig Erinnerung ist, so wichtig ist es auch, zu erkennen, dass Erinnerung eben immer auch subjektiv ist.

Und nicht zuletzt gehört zum erwachsenen Betrachten unserer Vergangenheit die Fähigkeit, unsere Perspektiven zu wechseln und sowohl unsere subjektive Wahrnehmung als auch die Bewertung der äußeren Umstände zu revidieren bzw. durch das Verständnis um die realen Umstände zu korrigieren.

Es geht hier nicht darum, Verletzungen und Traumata aus der Kindheit zu verdrängen, und ich spreche auch nicht von schwer wiegenden, vorsätzlichen Wunden, die manchen Opfern zugefügt wurden, aber gerade die fast ausufernde Beschäftigung mit dem eigenen seelischen Innenleben, dieses zwanghafte Kreisen um die eigene Mitte, birgt durchaus auch die Gefahr, im Zustand infantiler Erwartungshaltung zu verharren. Wir klagen unsere Eltern oder sonstige Familienangehörige für Verhaltensweisen an, die sie in einem Alter zeigten, in denen sie weitaus jünger und unerfahrener waren, als wir selbst es nun sind.

Im besten Falle gelingt es uns - wie der Heldin bei Frau Holle – alte Verletzungen hinter uns zu lassen, Defizite zu erkennen und ohne Schuldzuweisung auszugleichen und uns nicht vermittelte Kenntnisse durch eigene Arbeit anzueignen, um nicht in diesem Mangel zu bleiben. Verletzungen und Defizite können durchaus auch notwendige Motoren sein, die uns dazu antreiben, Dinge aus uns selbst heraus zu tun. Im vierten Haus liegen die Talente, die Fähigkeiten, die uns helfen, für uns selbst zu sorgen, uns selbst zu bemuttern und uns selbst zu nähren.

Wenn uns das gelingt, ist ein unverstellter Weg in die Welt möglich, so wie ihn auch unsere Märchenheldin geht, der zwar

schwierig, aber – wie wir am Ende sehen werden – umso gewinn-
trächtiger ist.

Die Arbeit im Innerseelischen wird nach außen getragen. Sie
trägt Früchte für eine kollektive Gemeinschaft, die auch auf der
spirituellen Ebene wirkt.

Sie hat ihre Defizite, die sie aus ihrer systemischen Familiensituation mit sich trägt, ausgeglichen. Sie hat gelernt, dass sie sich
die Nahrung, das weibliche Wissen, die Fähigkeit zu Fürsorge und
Geborgenheit selbst geben bzw. aneignen muss und auch kann,
um zu einer ganzheitlichen Weiblichkeit zu finden. Erst dadurch
kann sie ihren Platz in der Welt einnehmen. Sie tut dies nicht
durch Anklage und ständiges Zurückschauen, auch nicht durch
Forderungen an jenen Stellen, von denen sie weiß, dass sie von
dort nichts bekommen kann. Sie beharrt nicht in infantiler Weise
darauf, dass ihre Bedürftigkeit endlich anerkannt und befriedigt
wird (Mond). Sie tut dies durch eigenes, verantwortliches Handeln und durch Fürsorge sich selbst und anderen gegenüber
(Saturn). Dafür erhält sie *»Gesottenes und Gebratenes«* – Nahrung, Heimat und Schutz.

4.2.5.3 Haus 6 (Jungfrau-Merkur) - Haus 12 (Neptun)

Im klassischen Sinne der Astrologie verkörpert das 6. *Haus* – das Refugium des Jungfrau-Merkurs – für uns die Themen von Arbeit und Gesundheit. Seine Qualität zeigt uns, wie wir in der Lage sind, uns an erforderliche Arbeitsprozesse anzupassen. Darüber hinaus lässt es uns erkennen, welche Dispositionen im gesundheitlichen Bereich zu erwarten sind und was wir am Besten tun können, um selbst aktiv an unseren Heilungsprozessen mitzuarbeiten. Es gibt Aufschluss über eine geregelte Gestaltung unserer Tagesabläufe und der hygienischen Bedingungen, die wir zum Erhalt unserer Leistungsfähigkeit benötigen.

Im 6. Haus bzw. im Bereich der Jungfrau verlieren wir uns oft im »Klein-Klein« des alltäglichen Tuns und hinterfragen nicht, ob die Leistungen die wir erbringen, die Tätigkeiten, die wir ausüben, wirklich sinnvoll und einem größeren Zusammenhang auch dienlich sind. Die Analysefähigkeit des Jungfrau-Merkurs verleitet uns sehr leicht dazu, nur noch den Tropfen zu sehen und nicht mehr das Meer. Unsere Vorstellungen von der Funktionalität unseres Alltags lassen uns oft übersehen, was für das große Ganze zielführend und wünschenswert ist.

Die Märchenheldin hingegen lernt über die merkurischen Prozesse, die sie sich aneignet, nicht nur ihren Alltag zu meistern. Sie

228

gibt ihm einerseits Struktur und Regelmäßigkeit und beweist andererseits aber durch ihr Tun, dass sie diese Leistung nicht für sich alleine erbringt, sondern immer auch für das Kollektiv, dessen Teil sie ist. Die Arbeit am eigenen Selbst (Jungfrau) wird zum Dienst an der Großen Mutter und damit am großen Ganzen (Fische).

Sie erkennt, dass es nicht nur darum geht, die erlernten Fähigkeiten zum eigenen Vorteil oder ausschließlich zur Befriedigung der momentanen Bedürfnisse einzusetzen, sondern auch darum, einen übergeordneten Auftrag zu erfüllen. Nicht Ordnung um der Ordnung willen (Jungfrau/Haus 6), sondern um das große kosmische Rad am Laufen zu halten (Fische/Haus 12).

Wie sie bereits am Backofen und am Apfelbaum bewiesen hat, denkt sie nicht nur an sich, sondern nutzt ihre Fähigkeiten – ohne Hintergedanken und Erwartungshaltung – auch um anderen zu helfen.

Erst die Verbindung der Achse 6/12 fügt die kleinen, detaillierten Ordnungsprozesse unseres Alltags in einer Art Puzzle zu einem komplexen, allumfassenden Bild zusammen.

4.2.5.4 Ganzheitliche Verbindung

Der Aufenthalt im Hause der Holle stellt also nicht nur einen Rückzug, ein Herausnehmen aus der alltäglichen Routine dar. Er ist eine Phase, in der das Mädchen auf einer höheren, anderen Ebene – sozial, gesellschaftlich, kollektiv und auch spirituell – ihre erlernten Fähigkeiten anwenden muss und sie einer Prüfung unterzogen werden. Es geht hier um die Erweiterung ihrer Anpassungsfähigkeit und Kompromissbereitschaft, nämlich die an ein Du (Haus 8), an eine Gesellschaft (Haus 10) und letztendlich an die kosmische Ganzheit (Haus 12).

Insofern erfährt sie hier eine Art Initiation. Diese wird in der herkömmlichen Deutung dieses Märchens ausschließlich auf den Aspekt ihrer erwachenden Weiblichkeit gelegt. Und selbstverständlich ist dieser Übergang vom Mädchen zur Frau eine tief greifende Wandlung, die in früheren Zeiten oder auch in anderen Kulturen weit mehr Bedeutung besaß bzw. besitzt, als in unserer heutigen Gesellschaft. Von dem Moment der Geschlechtsreife an galt ein Mädchen als erwachsene Frau, die von nun an die Aufgaben und Pflichten ihrer Rolle in der Gemeinschaft zu übernehmen hatte[*].

---

[*] *Selbstverständlich galten derartige Initiationsriten auch für junge Männer, deren Gestaltung und Überwachung lag aber in den Händen der männlichen Mitglieder der Gemeinschaft.*

Ihre Initiation war mit diversen Riten verbunden und nicht selten ging sie mit einer Phase des Rückzugs und der totalen Abgeschiedenheit von der Familie einher. In vielen Stammeskulturen wird dies heute noch praktiziert. Mit der Zunahme patriarchaler Strukturen verloren diese Praktiken jedoch immer mehr an Wert und damit an Schutz für die jungen Mädchen, die – wie unser Märchen es eben auch zeigt – in diesen ohnehin schwierigen Zeiten des Übergangs ohne mütterliche Führung und völlig auf sich alleine gestellt blieben.

Initiation erfahren wir jedoch nicht nur in den herausragenden Entwicklungsphasen unseres Lebens, wie Erwachsenwerden, Ablösung von der Familie, Eingliederung in eine gesellschaftliche Ordnung. Unsere Lebensumstände heute haben sich verändert. In früheren Zeiten waren die Lebensabschnitte relativ klar eingegrenzt: Kindheit, Erwachsenwerden, Heirat, Kinder, gesellschaftliche Stellung, Alter und Tod.

Heute haben sich diese Grenzen immer mehr aufgelöst. Die Lebensformen sind freier geworden. Wir gehen in der Regel mehr als eine Partnerschaft ein, die Formen dieser Lebensgemeinschaften sind nicht mehr ausschließlich auf die Ehe beschränkt, wir leben als Singles, in freien Beziehungen oder in Patchworkfamilien. Wir müssen uns tagtäglich in Teams von Kollegen und Mitarbeitern beweisen. Frauen sind nicht mehr nur Ehefrauen und

Mütter – sie sind berufstätig, alleinerziehend, gesellschaftlich und sozial eingebunden. All dies bedingt, dass es für uns immer häufiger veränderte Lebensbedingungen gibt, auf die wir uns einstellen müssen. Jedoch haben wir – wie es scheint – vergessen oder verlernt, uns auch entsprechend darauf einzustellen und vorzubereiten. Wir erlauben uns keine Klausur mehr, um uns auf das Neue vorzubereiten. Wir springen von einem Erleben in das nächste und hoffen, dass es irgendwie funktioniert.

Wenn wir zum ursprünglichen Sinn der Raunächte zurückkehren:

- *Eine Zeit der Ruhe und der Besinnung;*
- *Jedes irdische Rad steht still;*
- *Keine Arbeit (im Außen) die getan werden muss;*

... dann können wir diese Zeit als eine immer wiederkehrende Phase der Initiation und der Einkehr begreifen. Jetzt geht es an die innere Arbeit, an das »Sich-Einlassen« auf die Tiefe des Seins und auf die daraus resultierende Überprüfung der Frage, inwieweit unser Tun für uns selbst noch nährend und für das große, kosmische Ganze sinnvoll und nützlich ist.

Die Zeit der Raunächte bietet uns Gelegenheit, die kosmischen Aufgaben der passiven Zeichen und Häuser im Horoskop zu hinterfragen. Sind wir mit unserem Tun und unserem Sein im Einklang? Dienen wir damit noch dem großen Ganzen? Handeln wir im Sinne eines kosmischen Ausgleichs oder nur zur Befriedigung unserer eigenen Bedürfnisse, zur Verwirklichung unserer Ego-Ansprüche und unseres Wunschdenkens? Lassen wir uns ausschließlich von der Energie der männlich-aktiven Zeichen antreiben und verleugnen deshalb immer wieder die Bedürfnisse unserer Seele?

Zurückzukehren in das Reich der Holle bedeutet in dieser Zeit, etwas geschehen lassen, wieder Vertrauen finden, dass es auch für uns *Gesottenes und Gebratenes* gibt und nicht zuletzt zu erkennen, dass unsere Seele ab und zu ein wenig Ruhe und Rückzug braucht.

Und gerade deshalb ist es wenig zielführend die Raunächte – eben wieder, wie das ganze übrige Jahr – mit Gedanken an die Erfüllung unserer persönlichen Wünsche und das Erreichen unserer individuellen Ziele zu verbringen. Jetzt ist die Zeit unser Wirken in der Welt – als sozialer, kollektiver und kosmischer Ort – zu überprüfen.

4.2.6 Zeit des Neubeginns

Nun war es eine Zeit lang bei der Frau Holle, da ward es traurig und wusste anfangs selbst nicht, was ihm fehlte. Endlich merkte es, dass es Heimweh war, ob es ihm hier gleich vieltausendmal besser ging als zu Haus, so hatte es doch ein Verlangen dahin. Endlich sagte es zu ihr: »Ich habe den Jammer nach Hause gekriegt und wenn es mir auch noch so gut hier unten geht, so kann ich doch nicht länger bleiben, ich muss wieder hinauf zu den Meinigen.«

Wenn wir den Ablauf des Märchens nun genau betrachten, verweist uns alles darin auf einen in sich geschlossenen Jahreslauf:

Die Blumenwiese, auf der sie erwachte, symbolisiert den Frühling, Korn und Brot den Sommer, die reifen Äpfel den Herbst und die Schneeflocken, die sie beim Bettenschütteln tanzen ließ, den Winter. Ein Zyklus ist also abgeschlossen und es ist Zeit für einen Neuanfang. Egal, wie gut es der jungen Frau im Hause der Holle gegangen sein mag – ihre Aufgabe liegt im Weltlichen. Die Zeit des Rückzugs ist vorbei.

Erneut gelangt das Mädchen also in einen neptunischen Zustand – nach Angst und Ohnmacht ist es dieses Mal jedoch das Heimweh, die Sehnsucht, nach dem Ort, von dem sie gekommen ist. Jetzt ist es nicht die Unwissenheit, die sie in einen Ausnahmezustand führt, jetzt ist es das Wissen, dass sie sich angeeignet hat und das sie anwenden kann.

Wie oft lassen wir Situationen und Menschen hinter uns, weil wir spüren, dass wir uns dort nicht entwickeln können, dass wir dort, was wir brauchen, nicht bekommen können. Vielleicht haben wir uns längst ein anders Leben aufgebaut, haben gelernt, sind reifer geworden und erwachsener. Oder wir haben – wie unsere Märcheheldin – eine Art unfreiwilliger Initiation erfahren, die uns nachhaltig verändert hat. Dennoch spüren wir mit einem Mal, wie tief die Gefühle zu unserer Vergangenheit sind. Wir sehnen uns nach Aussöhnung, nach Wiedergutmachung und – vielleicht immer noch – danach dazuzugehören. Vielleicht sehnen wir uns auch deshalb oft nach der Vergangenheit, weil wir gar nicht wissen, wie die Zukunft nun sein kann.

Manchesmal müssen wir ein Stück unseres Weges wieder zurückgehen, um zu sehen, ob es tatsächlich noch Verbindungen gibt und wenn es nur dazu dient, zu erkennen, dass wir in diese Welt nicht mehr gehören; wieweit uns unsere Entwicklung von unserer Herkunft trennt. Dann schärft dieses »Zurück« unseren Blick nach vorne und hilft uns, den neuen Weg mit neuen Erkenntnissen und neuer Kraft zu beschreiten.

Das weiß auch die alte Frau Holle, weshalb sie das Mädchen in ihrer Entscheidung ermutigt.

»Es gefällt mir, dass du wieder nach Hause verlangst und weil du mir so treu gedient hast, so will ich dich selbst wieder hinaufbringen.« Sie nahm das Mädchen bei der Hand und führte es vor ein großes Tor.

Die Holle kennt als kosmische Mutter die Notwendigkeit von Erwachsenwerden und Ablösung besser als jede irdische. Sie weiß, das Mädchen ist jetzt bereit für ihren Weg in die Welt. Dass sie es selbst hinaufbegleitet wird zu einer Art Segen, den sie erteilt.

Diesen Segen sollte jede irdische Mutter ihrer Tochter geben. Er wirkt wie ein Schutzschild auf ihr zukünftiges Leben. Er ist das Versprechen darauf, dass wir die Dinge beherrschen, die wir auf unserem Weg brauchen, egal wohin er uns führen mag. Dennoch wissen wir, dass dies im realen Leben nicht immer gelingt. Wie kann eine Mutter, die selbst nicht gelernt hat, ihre weiblichen Anlagen zum eigenen und zum Wohle anderer einzusetzen, ihrer Tochter dieses Wissen vermitteln? Wie kann eine Frau, die Venus und Mond nur als Verführung und Bedürfnisbefriedigung oder Mangel kennt, ein Vorbild sein, in den Fähigkeiten zur gesunden Selbstliebe, Nahrung, Geborgenheit und Schutz? Wie gerne klagen wir doch heute unsere Mütter an für all die Dinge, die sie uns nicht gegeben haben, vergessen aber dabei so oft, dass sie diese selbst nie erfahren haben. Wir übersehen nur allzuleicht, dass diese Defizite im Bereich der venusischen und mondischen Anlagen nicht aus individueller Unfähigkeit entstanden sind, sondern über einen langen kollektiven Prozess der Abwertung alles Weiblichen.

Eine grundlegende Veränderung kann also nur auf ganzheitlicher Ebene erfolgen – gesellschaftlich – kollektiv – spirituell. Erst wenn wir uns wieder einer gleich-*wertigen* Weiblichkeit besinnen, kann eine tief greifende Veränderung auch auf der individuellen Ebene stattfinden.

Genau deshalb konnte für unsere Märchenheldin auch nur die Zuflucht zu einer spirituellen Mutter, der Holle, diese Heilung bewirken. Was uns eine irdische Mutter nicht geben kann, darum dürfen wir getrost die kosmische bitten.

Und somit gelingt dieser Ablöseprozess im Märchen nun auch ohne Probleme. Es gibt keinen Sprung mehr in eine dunkle, unbekannte, plutonische Welt der gefahrvollen Obsessionen, auch nicht den schleichenden Weg des neptunischen Selbstverlustes und des Sich-Sehnens nach dem Unbekannten. Es ist ein bewusster Weg zurück in ihre mondische Welt, in der sie nun zu herrschen gelernt hat.

Damit ist die Zeit des Rückzugs auch zu Ende und der Segen der alten Frau Holle wird sichtbar.

Das Tor ward aufgetan und wie das Mädchen gerade darunter stand, fiel ein gewaltiger Goldregen und alles Gold blieb an ihm hängen, sodass es über und über davon bedeckt

*war. »Das sollst du haben, weil du so fleißig gewesen bist«,
sprach die Frau Holle und gab ihm auch die Spule wieder, die
ihm in den Brunnen gefallen war. Daraufhin ward das Tor
verschlossen und das Mädchen befand sich oben auf der Welt
nicht weit von der Mutter Haus; und als es in den Hof kam,
saß der Hahn auf dem Brunnen und rief:*

»Kikeriki, unsere goldene Jungfrau ist wieder hie«

*Da ging es hinein zu seiner Mutter und weil es so mit Gold
bedeckt ankam, ward es von ihr und der Schwester gut aufgenommen.*

Die Initiation ist abgeschlossen. Der Weg zurück in die Welt ist
wieder frei. Und sie geht ihn durch das Tor der Holle und nicht
mehr über die unbewussten Tiefen der Brunnen. Sie wird nicht
mehr unvermutet aus ihrem Leben gerissen, sie verliert sich nicht
in ihren Ängsten. Sie geht diesen Weg in vollem Bewusstsein und
mit klarer Zielsetzung. Jetzt ist die Zeit der Tat gekommen.

Vielleicht mag dieser Weg jetzt deshalb so gut gelingen, weil in
diesem Märchen alles zur rechten Zeit stattfindet. Die Märchenheldin drängt es nicht nach Erfahrungen und Wissen, die noch
nicht dran sind. Sie tut, was getan werden muss, und das mag das
Geheimnis sein, dass sich nun offenbart.

In dem Goldregen liegt das sonnehafte Bewusstsein. Sie kehrt
damit nicht nur als erwachsene Frau zu Schwester und Mutter
zurück, sie hat auch die Defizite, die aus dem Mangel an väter-

licher Zuwendung entstanden sind, für sich selbst gelöst und geheilt. Sie ist sich ihrer selbst bewusst (Sonne) geworden.

Aber das Gold, das auf sie herabregnet, bedeutet weit mehr: Im Märchen stellt es immer einen Bezug zur Ewigkeit dar. Es ist ihr etwas zugehörig geworden, das ihr für immer bleibt. Das, was sie gelernt hat im Reich der Holle, kann und wird ihr niemand mehr nehmen. Auch wenn es in ihrem Leben immer wieder Zeiten des Rückzugs geben wird, Zeiten, in denen sie das Gelernte überprüfen und vielleicht auch ein Stück weit revidieren muss, hat sie nun eine immerwährende und immer gültige Erfahrung gemacht, auf die sie während ihrer nächsten Krise zurückgreifen kann.

Zeiten des Rückzugs dienen meist der Heilung von Wunden. Dies können Wunden sein, die aufgrund von Krankheiten oder Schicksalsschlägen entstanden sind. Dies können aber auch alte Wunden sein, die wir uns im destruktiven Umgang mit uns selbst zugefügt haben und die in Zeiten eines freiwilligen Rückzugs von der Welt endlich zur Ruhe kommen und heilen können.

Die Erkenntnisse aus derartigen Erfahrungen verändern nachhaltig. Und diese Veränderung wird nun auch von der Welt wahrgenommen.

Marsisch-männliche Energie begegnet ihr nun nicht mehr über Verletzungen (Nadelstiche in die Finger), sondern mit Aufmerksamkeit und Beachtung. *»Kikeriki«* ruft der Hahn (Mars), der nun auf dem Brunnen (Pluto) sitzt *»unsere goldene Jungfrau ist wieder hie«*.

Und auch Mutter und Schwester begegnen ihr nun mit völlig ungewohntem Respekt. Aber natürlich beeindruckt dieses neue Selbstbewusstseins des Mädchens, das als äußerer Reichtum erscheint, so sehr, dass die Mutter ihrer »rechten« Tochter diesen Glanz auch verschaffen möchte.

... als die Mutter hörte, wie es zu dem Reichtum gekommen war, wollte sie der anderen, hässlichen und faulen Tochter gerne dasselbe Glück verschaffen und sie musste sich auch an den Brunnen setzen und spinnen.

Für eine liebende Mutter mag es nur natürlich sein, der Tochter die bestmöglichen Voraussetzungen mit auf den Lebensweg zu geben. Aber auch hier gilt, dass nur das weitergegeben werden kann, was man selber verinnerlicht hat. In diesem Familiensystem wurde der vorhandene Mangel jedoch nicht behoben. Unserer Märchenheldin ist dies innerhalb ihrer Lebenskrise und dem daraus resultierenden Rückzug von der Welt gelungen. Die Krise wurde für sie zur Chance, um zu lernen, was ihr fehlte. Und sie hat sie genutzt. Die Tatsache, dass sie in ihrem System (Pluto) nicht mehr bleiben konnte, weil es dort keine Nahrung und keinen Schutz (Mond) für sie gab, führte über Angst und scheinbaren Selbstverlust zur Heilung (Neptun).

Doch wie sieht es aus, wenn die Motivation nicht aus der Notwendigkeit zur Entwicklung erwächst?

Sie musste sich auch an den Brunnen setzen und spinnen, damit ihr die Spindel blutig ward, stach sie sich in die Finger und zerstieß sich die Hand an der Dornenhecke. Danach warf sie die Spindel in den Brunnen und sprang hinterher.

Die Schwester gibt also nur vor, dem Lernprozess der Märchenheldin zu folgen. Sie täuscht die Erfahrung vor (Neptun) und begibt sich damit auf einen verhängnisvollen Weg des Selbstbetruges. Dafür nimmt sie sogar den Schmerz der Verletzung auf sich, glaubt sie doch, das Geschehen in jedem Augenblick kontrollieren (Pluto) und selbst steuern zu können. Sie ist nicht auf der Suche nach einer eigenen weiblichen Identität (Mond) – das bequeme Leben am Rockzipfel ihrer Mutter zwingt sie nicht, sich auf den Weg zu machen, um diese auszubilden. Um ein bestimmtes Ziel zu erreichen, macht sie sich zum Objekt und das führt zu Verletzungen, von denen sie glaubt, dass ihre Rolle als Frau diese erfordern. Dies ist nichts anderes, als die Anpassung an ein Klischee, die zu Selbstverleugnung und Selbstverletzung führt.

Um mondische Energien wandeln bzw. entwickeln zu können, ist es nötig, die transpersonalen Planetenenergien auch auf kollektiver und nicht nur auf rein persönlicher Ebene zu begreifen. Dazu gehört die Erkenntnis darüber, wie das eigene Verhalten auf die Umgebung wirkt. Es geht in erster Linie um soziale Muster (Pluto), die es zu erkennen gilt und erst in der Folge um die kollektive bzw. spirituelle Wirkung (Neptun) unseres Seins.

Wer innerhalb dieser Erfahrungsprozesse allein seine egoistischen Bedürfnisse zu befriedigen sucht bzw. sein eigenes Verhalten nicht als ursächlich für die Antworten der Welt erkennen kann, wird weder seine Erfahrungen verändern können noch Initiation in ihrer gesamten, transformativen Tiefe erleben. Sie bleibt dann nicht mehr, als ein Partyspiel, wenn auch nicht ohne Gefahren.

Eine weitere – sehr naheliegende Variante wäre es, dass die Schwester diese Herausforderung nur deshalb annimmt, um ihre Mutter (Mond) zufriedenzustellen. Ihre Mutter repräsentiert ihre Welt, die sie nicht verlassen kann, weil sie nicht gelernt hat, was in anderen Systemen notwendig und wesentlich ist. Im Gegensatz zur Märchenheldin treibt sie weder die Not noch der Hunger nach Erfahrung. Aber auch in diesem Fall wird es ein Weg, der am Ende mit Sicherheit nicht zu mehr individueller Persönlichkeit (Mond) führt, sondern nur zu noch mehr Selbstkontrolle (Pluto) und Heuchelei (Neptun).

Wie auch immer, schon die Ausgangssituation verrät, dass es um die Lernfähigkeit und damit auch um den Erfahrungswert, den die Schwester aus dieser Situation ziehen wird, nicht zum Besten steht. Der Weg wird für sie kein Weg in eine Initiation, es ist eine Rolle, die sie spielt, um ein bestimmtes Ziel zu erlangen:

einen materiellen Gewinn, einen Imagezuwachs oder aber die Anerkennung und Liebe der Mutter.

So springt sie durch den Brunnen in jene Bereiche, die die Schwester vor ihr betrat, jedoch ohne die nötige Reife. Wer seine Mondanlagen nicht ausgebildet hat, wird sich in den Tiefen des Plutos und auch in den Bereichen Neptuns verlieren – auch, wenn er glaubt, diese Kräfte handeln und kontrollieren zu können.

Sie kam, wie die andere, auf die schöne Wiese und ging auf demselben Pfad weiter. Als sie zu dem Backofen gelangt, schrie das Brot wieder:

> *»Ach! Zieh mich raus,*
> *zieh mich raus,*
> *sonst verbrenne ich,*
> *ich bin doch schon längst ausgebacken!«*

Die Faule aber antwortet: »Da hätt ich Lust, mich schmutzig zu machen!« Und ging fort.
Bald kam sie zu dem Apfelbaum, der rief:

> *»Ach! Schüttel mich,*
> *schüttel mich!*
> *Wir Äpfel sind alle miteinander reif.*

Sie antwortete aber: »Du kommst mir recht, es könnt mir einer auf den Kopf fallen!« Und ging damit weiter.

Dass sie nur dieses eine Ziel vor Augen hat, nämlich am Ende genauso reich und schön zu sein, wie ihre Schwester, beweist sich in ihrem Verhalten im Reich der Holle. Sie kümmert sich nicht um die Dinge, sie hört nicht deren Ruf. Sie sieht sich nicht eingebunden in eine Ganzheit, spürt nicht deren Heiligkeit und sie hat – im Gegensatz zu unserer Märchenheldin – auch nicht gelernt, mit den allgültigen Lebensprozessen umzugehen.

Es ist wohl nicht nur Unwille und Egoismus, der sie achtlos am Backofen und am Apfelbaum vorbeigehen lässt, es ist auch Unkenntnis. Sie muss tatsächlich fürchten, sich schmutzig zu machen, weil sie sich nicht aufs Backen versteht (Mond) und sie muss fürchten, dass ein Apfel (Venus) sie verletzen würde, weil sie nicht gelernt hat, mit den Früchten ihrer Sinnlichkeit geschickt und sich selbst schützend umzugehen.

Und genau vor dieser Erfahrung fürchtet sie sich – insgeheim weiß sie, dass sie den Herausforderungen des Lebens nicht gewachsen ist.

Was sie für sich selbst nicht gelernt hat, kann sie auch nicht in Beziehungen oder innerhalb fremder Systeme anwenden. Aber um das zu verändern, müsste sie erst ihr eigenes Verhalten sich selbst und der Welt gegenüber wahrnehmen (Mond), es transformieren (Pluto) und auflösen (Neptun). Von dieser Bereitschaft ist sie jedoch sehr weit entfernt.

Als sie vor der Frau Holle Haus kam, fürchtete sie sich nicht, weil sie von ihren großen Zähnen schon gehört hatte, und verdingte sich gleich zu ihr.

Es mag die Unbedarftheit sein, die aus Unwissenheit erwächst, die sie ohne den nötigen Respekt zum Haus der Holle gehen lässt. Sie weiß von den großen Zähnen, weil sie »schon davon gehört hatte« – das scheint ihr zu genügen, um sich diesen elementaren Herausforderungen zu stellen. Sie weiß nicht, mit welchen Kräften sie es zu tun hat. Sie spielt das Spiel unschuldiger Mädchen, die mit Verführung kokettieren, ohne abschätzen zu können, welche Folgen dies haben kann.

Aber die Zähne der Holle symbolisieren – wie wir wissen – nicht nur die marsischen Energien des Männlichen. Sie zeigen auch die zerstörerische Kraft Plutos. Der Kontakt mit der Göttin – der Hel, der Holle, der Percht – ist kein Partyspiel, er ist nichts, was wir an einem Wochenendseminar einfach »mal so« in der Gruppe zelebrieren, nichts, worüber wir uns in einem Fachbuch kundig machen können. Er erfordert von uns nicht weniger, als die totale Selbstaufgabe, den Willen zur Wandlung; er erfordert, dass wir in unsere Tiefe abtauchen und nicht selten auch den Tod unseres Egos.

Wir glauben oft, Initiation sei kein Prozess mehr, keine Entwicklung, kein Weg, der gegangen werden muss. Wir glauben diese tiefen Erkenntnisse nicht mehr der Zeit überlassen zu müssen, sondern sie ganz schnell verinnerlichen zu können –

genauso, wie wir glauben, die Mystik der Raunächte einfach konsumieren zu können. Wir glauben zu wissen, weil wir davon gehört oder gelesen haben – wie die Schwester von den großen Zähnen der Holle – aber wir übersehen, dass es einen wesentlichen Unterschied macht, die Dinge zu erfahren. Um Stille wahrzunehmen und zu verstehen, müssen wir Stille erfahren und nicht – im lärmenden Getriebe des Alltags – davon nur gehört haben.

Unser Irrtum besteht darin, dass wir Wissen mit Weisheit verwechseln. Wissen können wir uns – je nach dem – mal mehr, mal weniger schnell aneignen. Dazu genügen die richtigen Informationen. Weisheit aber kann nur durch Erfahrung und Reife erwachsen. Sie braucht Zeit, um das erlernte Wissen mit den erlebten Erfahrungen zu verbinden und zu relativieren. Jeder, der einen Beruf erlernt hat weiß, dass zwischen Lehre und Praxis ein enormer Unterschied besteht.

Und genau diese Zeit möchte die Schwester sich nicht nehmen. Sie möchte den Weg des geringsten Widerstandes gehen, um ihr Ziel ungehindert und – vor allem – ohne an sich selbst etwas verändern zu müssen – zu erreichen.

Am ersten Tag tat sie sich Gewalt an und war fleißig und folgte der Frau Holle, wenn sie ihr etwas sagte, denn sie gedachte an das viele Gold, das sie ihr schenken würde; am zweiten Tag aber fing sie schon an zu faulenzen, am dritten noch mehr, da wollte sie morgens gar nicht mehr aufstehen.

Sie machte auch der Frau Holle das Bett schlecht und schüttele es nicht recht, sodass die Federn aufflogen.

Zunächst also versucht sie sich, den saturnischen Prinzipien zu unterwerfen, in dem »sie sich Gewalt« antut. Sie versteht also nicht die Notwendigkeit der natürlichen Ordnungen. Sie versteht nicht, warum sie sich der Mühe des Bettenschüttelns unterziehen soll, weil sie diese Arbeit nicht als Dienst an der Göttin versteht. Für sie ist diese Arbeit nur Mittel zum Zweck, um am Ende das zu erreichen, was sie sich erhofft: Reichtum und Ansehen. Das Gold ist für sie reiner Schmuck und nicht die erlangte Selbsterkenntnis, die ihre Schwester sich mühsam auf ihrem Weg durch Einsamkeit, Kummer und Angst erarbeitet hat. Insofern wird es für sie auch nie diesen Wert besitzen, den es für unsere Märchenheldin besitzt. Sie begibt sich also in eine Rolle und dieses Rollenspiel kostet Kraft. Anpassungszwänge, Selbstverleugnung und blindes Erfolgsstreben, das der eigenen Person nicht entspricht, gehen zulasten ihrer körperlichen und seelischen Energien. Und so ist es kein Wunder, dass sie bereits am zweiten Tag anfängt »*zu faulenzen*« und am dritten gar nicht mehr aufstehen mag. Wer sich um das eigene Bett (Mond) nicht kümmern kann, hat auch nicht die Kraft das Bett der Holle richtig zu schütteln.

Das ward Frau Holle bald müde und sagte der Faulen den Dienst auf.

Frau Holle zeigt keine Geduld mit den Faulen – so wie auch die Percht im kalten Winter keine Geduld mit jenen aufweist, die nicht mit der Natur leben. Als übergeordnete Instanz mag sie wohl erkennen, woran es bei der Schwester mangelt. Aber als Herrin über die Zeit (Saturn) weiß sie auch, dass Entwicklungswege nicht abgekürzt werden können. Die Holle weiß, dass man den Fluss nicht schieben kann. Wenn die Grundvoraussetzungen nicht vorhanden sind und die Zeit nicht reif, bleiben alle Bemühungen vergebens.

Und so zeigt sie der Jungen ihre unbarmherzige und strafende Seite, die jedoch von der Schwester in ihrer Unwissenheit als solche gar nicht wahrgenommen wird. Sie hält ihre Strategie noch immer für die richtige. Sie weiß nicht, dass die Göttin sich nicht manipulieren (Pluto) und hintergehen (Neptun) lässt und, dass sie sich allein schon durch den Versuch nur selbst betrügt. In ihrer Überheblichkeit denkt sie, der Zeitpunkt für ihre ersehnte Belohnung sei nun gekommen.

> *Die war es wohl zufrieden und meinte, nun werde der Goldregen kommen. Die Frau Holle führte sie auch zu dem Tor, als sie aber darunter stand, ward statt des Goldes ein großer Kessel voll Pech ausgeschüttet. »Das ist zur Belohnung deiner Dienste«, sagte die Frau Holle und schloss das Tor zu.*

Auch die Schwester wird von der Holle zu dem Tor begleitet – aber ohne ihren kosmischen Segen. »Pech gehabt«, könnte man denken. Tatsächlich aber zeigt sich hinter diesem »Pech« etwas mehr, als nur eine Bestrafung für ihre Faulheit, über die wir nichts weiter erübrigen bräuchten, als ein wenig Schadenfreude. Die Holle straft nicht einfach, um der Strafe willen. Ihre »Strafen« stehen immer in enger Verbindung mit den entsprechenden Verhaltensmustern – den bewussten, wie den unbewussten. Das Gold, das die Märchenheldin erhielt, war Zeichen für den Grad ihrer Bewusstheit, für die Selbsterkenntnis, die sie in ihrer Zeit im Reich der Holle und auch in ihrer Lehrzeit an der Straße erlangt hat.

Die Schwester hat diese Erfahrungen nicht gemacht. Sie ist sich ihrer Defizite, ihrer Schattenseiten nicht bewusst geworden. Sie lebte ein – scheinbar – bequemes Leben am Rockzipfel der Mutter und es gab keinen Anlass für sie, daran etwas zu verändern. Sie spürte keinen Drang danach, zu lernen, sich zu entwickeln oder sich in anderen Systemen zu beweisen.

Für sie war der »Be*such*« im Reich der Holle keine »*Suche*« nach etwas Verlorenem; er war nur ein Spiel, nur Mittel zum Zweck. Insofern kann die »Belohnung« oder der »Preis«, den sie dafür erhält, auch nicht aus Gold (Sonne) sein. Sie hat nicht zu einer erwachsenen Selbsterkenntnis, zu keinem neuen Bewusstsein (Sonne) gefunden.

Ihr Preis ist das Pech und betrachten wir dies symbolisch, wird auch schnell klar, warum dies so ist.

> *Da kam die Faule heim, ganz mit Pech bedeckt, und der
> Hahn auf dem Brunnen, als er sie sah, rief:*

> *»Kikeriki,
> unsere schmutzige Jungfrau ist wieder hie.«*

> *Das Pech aber blieb fest an ihr hängen und wollte, solange
> sie lebte, nicht abgehen.*

Sowohl Pech als Bindemittel, als auch seine schwarze Farbe
verweisen uns in den Bereich Plutos. Pluto ist u.a. der Planet der
Bindungen, der Obsessionen, der Sippenprogramme und der unbewussten Muster, die uns an diese Programme binden. Er ist der
Planet, der unsere Fähigkeit zum Wandel repräsentiert – aber
eben auch unsere Unfähigkeit dazu. Hier finden wir unsere Fixie-
rungen und unsere Abhängigkeit von Systemen, die oftmals die
Aufgabe unserer Individualität fordern bzw. nötige Entwicklungen aus Angst vor Ablehnung und Verlust verhindern.

Das Pech, das nun »ihr *Lebtag*« nicht mehr abgehen wird, ist
also sichtbarer Ausdruck ihres Platzes innerhalb des Familiensystems.

Die »Lieblingstochter« zu sein, »die rechte«, hat eben mitunter
seine Nachteile. Ihre Position zwingt sie nicht zur Veränderung,
sie drängt sie nicht nach draußen und genau das ist mit »Faulheit« im Märchen gemeint. Es ist die Bewegungslosigkeit, der sie

ausgeliefert ist, weil sie mit ihrer Mutter und damit mit dem herrschenden Familienprogramm wie »Pech und Schwefel« verbunden ist.

Aber auch wenn uns der Begriff »Lebtag« (Leben, Tag = Sonne) suggerieren möchte, dass es sich hier um einen endlosen, nicht mehr zu revidierenden Zustand handeln wird, so ist damit nichts anderes gemeint, als so lange, so lange sie diesen Bewusstseinszustand (Sonne) beibehält.

Auch die Schwester hat also die Möglichkeit, ihre Entwicklung zu durchlaufen. Aber ihre Zeit ist noch nicht reif und so mag das Pech sie daran erinnern, welchen Schatten sie mit sich trägt.

In der Alchemie stellt die Schwärzung eines Stoffes (Nigredo oder Sol Niger = schwarze Sonne) die erste Stufe des Opus Magnum (Großes Werk) zur Gewinnung des Steins der Weisen dar. Sie gilt als der »Tod des Stoffes«, nachdem er in mehreren Stufen auf eine höhere Ebene transformiert werden kann, bis schließlich am Ende des Prozesses Gold entsteht. So betrachtet mag der pechschwarze Eimer, der über dem Mädchen ausgeschüttet wird, nur ein Hinweis darauf sein, dass sie erst ganz am Anfang einer Entwicklung steht, die zu einer anderen Zeit durchaus erfolgversprechend sein kann.

Das Märchen der Frau Holle – wie übrigens alle Märchen – moralisiert also nicht, es deckt nur Muster auf. Das Moralisieren übernehmen meist wir, weil wir unsere eigene Haltung von Gut und Böse, von Opfer und Täter auf die erzählte Geschichte übertragen.

Betrachten wir das Märchen auf der Ebene, dass sowohl die Märchenheldin, als auch ihre Schwester nur – scheinbar unvereinbare – Gegensätze unserer eigenen Psyche darstellen, so verrät uns der Verlauf dieser Geschichte, dass es im Grunde immer etwas zu entwickeln und zu lernen gibt. Aber auch hier gilt: Initiation, Tiefenerfahrung und die grundlegende Transformation bestimmter Muster sind nicht immer möglich, schon gar nicht dann, wenn wir sie vorsätzlich herbeiführen möchten. Wir können diese Erfahrungen nicht einfach so nebenbei während eines Gruppenevents machen oder – weil es gerade in unseren Terminkalender passt – während eines Seminars oder vielleicht auch mal so in den Weihnachtsferien während der Raunächte. Die Zeit muss reif sein. Zeiten, in denen wir bereitwillig einen Rückzug, einen Stillstand auf uns nehmen, verhelfen uns in jedem Fall zu mehr Innenschau und Reflexion, was wiederum unsere Selbstwahrnehmung und die Bereitschaft zu Entwicklung stärkt.

Das mag auch der Grund sein, warum die Frau Holle das Tor hinter beiden schließt. Es gibt nicht diesen Weg zurück und vor allem gibt es ihn nicht, wenn wir ihn mit Vorsatz gehen wollen. Initiation kann nicht geplant werden. Ein erneuter Weg in Holles Reich (Neptun) kann erst wieder stattfinden, wenn die Zeit dafür reif ist. Solange bleibt die Grenze geschlossen (Saturn). Erst, wenn es um die Erlangung neuer Bewusstseinszustände auf anderer Ebene geht, kann eine neue Einweihung stattfinden. Den Zeitpunkt dafür bestimmt jedoch unsere innere Entwicklung und nicht unser Wollen.

Im Moment jedenfalls ist für die Schwester keine Entwicklung möglich und das ist es auch, was die Umgebung an ihr wahrnimmt und der Hahn (Mars) es auch vom Brunnen (Mond/Pluto) herab in alle Welt hinaus posaunt. Ihre Wandlung ist nicht geglückt, weil sie nicht not-wendig war, im wahrsten Sinne des Wortes. Sie ging diesen Weg nicht absichtslos, sie war nicht darauf vorbereitet und sie hatte während dessen immer nur ein Ziel vor Augen: Ein Image zu erlangen, von dem sie sich mehr Bewunderung und mehr Ansehen versprach.

Das ist nicht der Weg, den die Frau Holle unterstützt, deshalb bekam sie während ihres Aufenthaltes dort auch nicht »*Gesottenes und Gebratenes*« und am Ende keinen Goldregen – nichts Mondisches und auch kein sonnenhaftes Bewusstsein. Was bleibt, ist das Pech, das an ihr klebt und das ihr vielleicht zu anderen Zeiten zu neuem Bewusstsein verhilft. Dazu muss sie aber erst lernen, zu spinnen, am eigenen, wie am kosmischen Spinnrad, das heißt, mit ihren Tiefen in Kontakt zu treten und den Ruf der Dinge zu hören.

Denn das ist es, worauf es am Ende – sowohl im Märchen, als auch während der Raunächte – für uns alle ankommt: In die Stille zu gehen, in uns zu lauschen, damit wir die Ordnungsprinzipien der großen Percht wieder verstehen lernen und wir nach der zeitlosen Zeit des Stillstandes wieder in der Lage sind, die richtigen Dinge zur richtigen Zeit zu tun.

4.3   Jahreslauf

»Was machst du denn du da?«

Der Alte, der müde unter einem Baum saß und vor sich hin döste, hob den Kopf und öffnete die Augen. Vor ihm stand ein kleiner Junge, vielleicht 6 oder 7 Jahre alt, eine rote Mütze auf dem blonden Haar, von seinen Schultern herab hingen links und rechts je ein roter Wollstrick, an denen seine Fäustlinge befestigt waren.

»Was machst du denn da?«, fragte der Junge noch einmal und schaute den Alten genau an.

»Ja«, sagte der Alte, »was mach ich da? Ich denke so nach.«
»Über was?«
»Über mich, über das Leben und wie es eben so war.«
»Wie was war?«
»Ach, Bub, das ist eine lange Geschichte. Komm!«, sagte der Alte und schlug mit der flachen Hand neben sich auf den Boden »Setz dich zu mir, dann erzähl' ich es dir!«
Der Bub setzte sich neben den Alten, lehnte seinen Rücken an den Baum und hörte zu.

»Weißt du, damals«, fuhr der Alte fort, »als ich so alt war, wie du, hatte ich nichts als Flausen im Kopf. Ich hab mich vor nichts und niemand gefürchtet. Immer wollte ich der Erste und der Schnellste sein. Wenn die Zeit kam, in der sie mit schaurigen Masken den Winter vertrieben, war ich einer der

Wildesten. Und kaum waren die Bäche und Wiesen wieder frei von Eis und Schnee, lief ich schon barfuß, weil ich es gar nicht erwarten konnte, dass es endlich warm und schön wurde. Ich dachte immer, das ganze Leben sei ein Spiel.

Das dachte ich auch noch, als ich größer wurde. Je wärmer die Sonne in ihrem Himmelslauf wurde, umso mehr Kraft spürte ich in mir. Wie die jungen Bäume, die ausschlugen und die Pflanzen, die in die Höhe schossen. Alles war so üppig, die blühenden Bäume, die Wiesen so grün, die Blumen so bunt und so leuchtend. Wie sehr liebte ich die jungen, feschen Mädchen. Eine erschien mir schöner als die andere und war ich mit einer auf dem Tanzboden, fand ich kein Ende mehr – alles war für mich Drehen und Küssen, Liebe und Freude. Ach ja, die Liebe! Wie oft war ich verliebt, bis endlich die eine kam, mit der ich für immer mein Leben teilen wollte.

Unzählige Male war ich dabei, wenn Buchs und Palmzweige, Eiben, Haselnüsse und Wacholder gebunden wurden, als Schutz gegen Unwetter, Viehseuchen und Krankheit. Wenn die Äcker geweiht wurden und in der Walpurgisnacht die Hexen auf ihren Besen ihr Unwesen trieben. Und wie groß war meine Freude, wenn wir alle – ob jung, ob alt – in der Mittsommernacht über die Johannisfeuer sprangen, um das ganze Jahr über gesund zu bleiben. Die Funken flogen hoch hinauf in den nächtlichen Himmel, wenn wir von den Bergen herab brennende Holzräder rollten. Weit hinab ins Tal leuchteten sie, um die Sonne zu begrüßen. Damals, ja damals dachte ich immer, die Liebe und das Leben nähmen nie ein Ende.

Aber dann, zunächst ganz langsam, dann aber immer schneller, ist es ernster geworden. Es kam die Zeit der Arbeit. Von morgens bis abends schufteten wir auf den Feldern. Wenn sich düstere Gewitterwolken auftürmten und von den Kirchen her die Wetterglocken schlugen, zündeten wir in der Stube geweihte, schwarze Kerzen an, beteten und verbrannten Kräuter, damit der Hagel nicht die Ernte zerstört.

Die Tage wurden jetzt schon ein wenig kürzer und ich merkte – mehr und mehr – dass es im Leben nicht immer nur nach den eigenen Wünschen geht.

Nachdem die Ernte eingebracht war, mit dem Erntedankfest, da kam auch für mich die Zeit, ein wenig innezuhalten und zu überlegen. Wenn im Frauendreißiger die Heilkräuter gesammelt wurden und wenn dann im Altweibersommer die Webspinnen ihre glitzernden Fäden zogen, da dachte ich schon mehr über alles nach, was war und noch sein wird. Ich begriff, dass man nicht immer alles mit vollen Händen ausgeben kann. Es gibt Zeiten im Leben, da musst du auch an das Kommende denken. Es ist wie mit der Ernte: Wenn du nichts einlagerst für den Winter, ist in der kalten Zeit, in der nichts wächst, dein Speicher leer.

In der Zeit, in der Tag und Nacht wieder gleich lang ziehen, spürst du, dass alles nach Ausgleich verlangt und, dass die Dinge anders werden. Alles wird ruhiger, es geht nicht mehr so schnell von der Hand, obwohl du selbst das Gefühl hast, dass jeder Tag und jede Stunde nun sehr viel schneller verrinnt.

Die Jungen gehen ihre eigenen Wege und diejenigen, die du ein Leben lang kanntest, werden immer weniger. Die Einsamkeit hält Einzug. Bald kennst du mehr Namen auf den Gräbern, als Menschen auf der Straße. Kein Wunder, dass jetzt alle auf die Gottesacker gehen und an die denken, die nicht mehr unter uns sind. So, wie die Blätter von den Bäumen fallen, so ist auch für jeden von uns einmal die Zeit zu gehen.

Und draußen wird es kälter und kälter. Die Sonne verliert ihre Kraft und die Herbststürme ziehen auf. Es wird unheimlich, neblig und düster, bis alles verstummt. Die Vorräte sind verarbeitet und in den Stuben surren die Spinnräder. Alle sitzen zusammen und hören die Geschichten der Alten, zu denen du jetzt auf einmal selbst gehörst. Von der wilden Luzi wird berichtet mit ihren zwei Gesichtern, vom Wode und seiner wilden Reiterschar, die bei Nacht über den wolkenverhangenen Himmel reitet und natürlich von der Frau Percht mit ihren seligen Heimchen, die sie sicher und geborgen unter ihrem weiten Himmelsmantel hält.

Und alle lauschen mit offenen Ohren und Herzen. Jetzt ist die staade Zeit gekommen, in der die Dunkelheit herrscht. Die Sonne hat ihre Kraft eingebüßt, das Leben ist erstarrt. Der Wind treibt heulend dichte Schneeflocken vor sich her. Du siehst keinen Baum mehr und keinen Strauch. Wie froh du jetzt bist, dass du auf der Ofenbank sitzen kannst. Du suchst die Wärme, weil du selbst so sehr die Kälte in deinen Gliedern spürst.

Jeder wartet und hofft darauf, dass sie endlich kommen, die Heiligen Nächte, nach denen alles wieder aufwärtsgeht.

Nach denen das Licht wieder kommt, der Tag wächst und Mensch und Tier und Pflanze sich wieder an das Leben erinnern. Draußen darf jetzt keine Wäsche mehr hängen, kein Haar geschnitten werden und kein Fingernagel. Die Säfte sind erstarrt in Mensch und Baum. Kein Rad darf sich drehen – alles ist still – alles ist Warten.

In solchen Stunden glaubst du manchmal, alles wäre vorbei. Aber das ist es nicht. Es ist nur so, dass alles ruht, bis endlich die Natur wieder erwacht. Weil alles seinen Gang geht und alles seine Ordnung kennt.

Weißt du, Bub, es ist nichts für immer verloren. Es ist nur so, dass sich alles wandelt. Weißt du ...«

Der Alte verstummte, senkte den Kopf und überlegte eine Weile, bis er plötzlich von einer Kinderstimme aus seinen Gedanken gerissen wurde.

»Was machst du denn da?«

Er blickte auf. Vor ihm stand ein kleiner Junge, vielleicht 6 oder 7 Jahre alt, eine grüne Mütze auf dem blonden Haar und links und rechts von seinen Schultern herabhingen grüne Wollstricke, an denen seine Fäustlinge befestigt waren. Der andere Junge, der gerade noch neben ihm auf dem Boden gesessen hatte, war verschwunden und als der Alte nun an sich herabblickte, sah er links und rechts von seinen Schultern herab zwei rote Wollstricke hängen, an denen rote Fäustlinge befestigt waren.

»Was machst du denn da?«

Stille Nacht - Raue Nacht

Hörbuch mit mystischen
Geschichten zu den Raunächten

geschrieben und gesprochen
von Ilona Picha-Höberth

creAstro-Verlag, Wasserburg, 2010
12,- €

Hörbuch-CD: Spielzeit 74 Minuten
ISBN-13: 9783939078142

Stille Nacht - Raue Nacht

Mystische Raunachts-Erzählungen
und märchenhafte
Wintergeschichten
von Ilona Picha-Höberth

creAstro-Verlag, Wasserburg, 2019
12,- €

ISBN-13: 9783939078203

5. Quellnachweise und Literaturliste

1 Bronte - Nag-Hammadi-Schriften, gnostischer Text, gefunden 1945 in Ägypten

2 Kluge – Etymologisches Wörterbuch – Berlin 2011

3 Duden – Wörterbuch der deutschen Sprache – Mannheim 1999

4 Verena Kast „Ali Baba und die 40 Räuber", Kreuz-Verlag 1989

5 Frau Holle, Gebrüder Grimm

6 „Märchen vom grünen Fluss" Ilona Picha-Höberth, CreAstro Verlag Wasserburg, 2010

7 Sammlung Joseph Jacobs, Englische Märchen

8 Göttinnenlexikon, Frauenwissen.at

9 Lieder der Frauenkirche, Ursula Jung, Duisburg 1989

10 „Der Froschkönig oder der Eiserne Heinrich", Kinder- und Hausmärchen der Gebrüder Grimm, Diederichs Verlag München 1997

11 Deutsches Freimaurerlexikon, Reinhold Dosch

12 »Thomasnacht« aus »Stille Nacht - Raue Nacht« Ilona Picha-Höberth, CreAstro Verlag 2011

13 Odins Runenlied: Hohes Lied der Liederedda (literarische Sammlung der nordischen Götter- und Heldensagen im 13. Jahrhundert in Island niedergeschrieben).

14 Quelle: Bayerischer Rundfunk 2008

15 »Wilde Schifffahrt auf dem Inn« Ilona Picha-Höberth »Märchen vom grünen Fluss«, CreAstro Verlag 2010

16 Hermann Meyer »Psychologische Astrologie«

17 Kinder- und Hausmärchen der Gebrüder Grimm, die Urfassung der „Frau Holle" stammt aus den Erzählungen von Henrietta Dorothea Wild, der späteren Frau Wilhelm Grimms. Die Fassung „Goldmaria und Pechmaria" von Ludwig Bechstein aus dem Jahre 1847 weist in vielen Bereichen ähnliche Motive auf, zeigt aber bereits stärker ausgeprägte patriarchale Züge, als die Originalversion der Gebrüder

Grimm, weshalb ich mich in meiner Interpretation ausschließlich auf diese Fassung beziehe.

18 Gerald Huber »Mythos Märchen«, Bayerischer Rundfunk
19 Kurt Ranke »Enzyklopädie der Märchen«, Berlin 1977 – Hildegund Wöller: »Wie aus der Ungeliebten die Auserwählte wird« Kreuz-Verlag 2001
20 »Wer küsst Rapunzels Schuh? Märchen als Lebensskript im Horoskop«, Ilona Picha-Höberth, CreAstro-Verlag, Wasserburg 2005
21 Sonja Rüttner-Cova »Die gestürzte Göttin«, Märchen, Mythen, Matriarchat, Hugendubel München 1998
22 Lutz Röhricht „Das große Lexikon der sprichwörtlichen Redensarten" Freiburg, 1992